世界哲學家叢書

李 栗 谷

宋錫球著

1993

東大圖書公司印行

國立中央圖書館出版品預行編目資料

李栗谷／宋錫球著.--初版.--臺北市
：東大發行：三民總經銷，民82
面；　公分.--(世界哲學家
叢書)
參考書目：面
含索引
ISBN 957-19-1510-6 (精裝)
ISBN 957-19-1511-4 (平裝)

1. 李栗谷-學識-哲學

132.54　　82004964

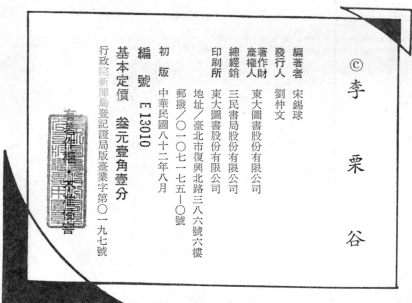

編著者　宋錫球
發行人　劉仲文
著作財產權人　東大圖書股份有限公司
總經銷　三民書局股份有限公司
印刷所　東大圖書股份有限公司
地址／臺北市復興北路三八六號六樓
郵撥／〇一〇七一七五－〇號
初版　中華民國八十二年八月
編號　E 13010
基本定價　叁元壹角壹分
行政院新聞局登記證局版臺業字第〇一九七號

ISBN 957-19-1511-4 (平裝)

「世界哲學家叢書」總序

本叢書的出版計畫原先出於三民書局董事長劉振強先生多年來的構想，曾先向政通提出，並希望我們兩人共同負責主編工作。一九八四年二月底，偉勳應邀訪問香港中文大學哲學系，三月中旬順道來臺，卽與政通拜訪劉先生，在三民書局二樓辦公室商談有關叢書出版的初步計畫。我們十分贊同劉先生的構想，認爲此套叢書（預計百册以上）如能順利完成，當是學術文化出版事業的一大創擧與突破，也就當場答應劉先生的誠懇邀請，共同擔任叢書主編。兩人私下也爲叢書的計畫討論多次，擬定了「撰稿細則」，以求各書可循的統一規格，尤其在內容上特別要求各書必須包括(1)原哲學思想家的生平；(2)時代背景與社會環境；(3)思想傳承與改造；(4)思想特徵及其獨創性；(5)歷史地位；(6)對後世的影響（包括歷代對他的評價），以及(7)思想的現代意義。

作爲叢書主編，我們都了解到，以目前極有限的財源、人力與時間，要去完成多達三、四百册的大規模而齊全的叢書，根本是不可能的事。光就人力一點來說，少數教授學者由於個人的某些困難（如筆債太多之類），不克參加；因此我們曾對較有餘力的簽約作者，暗示過繼續邀請他們多撰一兩本書的可能性。遺憾的是，此刻在政治上整個中國仍然處於「一分爲二」的艱苦狀態，加上馬列教條的種種限制，我們不可能邀請大陸學者參與撰寫工作。不過到目前爲止，我們已經獲得八十位以上海內外的學者精英全力支持，包括臺灣、香港、新加坡、澳洲、美國、西德與加拿大七個地區；難得的是，更包括了日本與大韓民國好多位名流學者加入叢書作者的陣容，增加不少叢書的國際光彩。韓國的國際退溪學會也在定期月刊《退溪學界消息》鄭重推薦叢書兩次，我們藉此機會表示謝意。

原則上，本叢書應該包括古今中外所有著名的哲學思想家，但是除了財源問題之外也有人才不足的實際困難。就西方哲學來說，一大半作者的專長與興趣都集中在現代哲學部門，反映著我們在近代哲學的專門人才不太充足。再就東方哲學而言，印度哲學部門很難找到適當的專家與作者；至於貫穿整個亞洲思想文化的佛教部門，在中、韓兩國的佛教思想家方面雖有十位左右的作者參加，日本佛教與印度佛教方面卻仍近乎空白。人才與作者最多的是在儒家思想家這個部門，包括中、韓、日三國的儒學發展在內，最能令人滿意。總之，我們尋找叢書作者所遭遇到的這些困難，對於我們有一學術研究的重要啟示（或不如說是警號）：我們在印度思想、日本佛教以及西方哲學方面至今仍無高度的研究成果，我們必須早日設法彌補這些方面的人才缺失，以便提高我們的學術水平。相比之下，鄰邦日本一百多年來已造就了東西方哲學幾乎每一部門的專家學者，足資借鏡，有待我們迎頭趕上。

以儒、道、佛三家爲主的中國哲學，可以說是傳統中國思想與文化的本有根基，有待我們經過一番批判的繼承與創造的發展，重新提高它在世界哲學應有的地位。爲了解決此一時代課題，我們實有必要重新比較中國哲學與（包括西方與日、韓、印等東方國家在內的）外國哲學的優劣長短，從中設法開闢一條合乎未來中國所需求的哲學理路。我們衷心盼望，本叢書將有助於讀者對此時代課題的深切關注與反思，且有助於中外哲學之間更進一步的交流與會通。

最後，我們應該強調，中國目前雖仍處於「一分爲二」的政治局面，但是海峽兩岸的每一知識分子都應具有「文化中國」的共識共認，爲了祖國傳統思想與文化的繼往開來承擔一份責任，這也是我們主編「世界哲學家叢書」的一大旨趣。

傅偉勳　韋政通

一九八六年五月四日

自 序

我至今無法忘記少時伯伯來我家祭祖時說給我聽的那段栗谷先生的故事，我跟栗谷先生的緣就是在這漫長的冬夜裏，從被窩中所聽到的「栗谷先生傳」而結起來的。

醉心於佛教以後的我，至今也脫不開唯有栗谷的理論才眞具有佛教性的想法，在研究所讀碩士的過程中，研究題目已訂的倫理學時也仍被東、西洋哲學所困擾，終究決定進一步的鑽研學得西洋哲學的方法論之後再來研學東洋哲學部門，因此在碩士班沒能研究栗谷的哲學思想。

但在我心底經常鋪著定要學習性理學跟佛教的那念念不忘的心願，因此再次開始通讀起大學時沾滿我手塵的《栗谷全書》。

書中尤可把我混亂的內心平靜下來的是《聖學輯要》中所寫的〈修己論〉篇，看到主張要是能「正心」「立志」，並能「矯氣質」的話，人人都可以到達「聖人」的境地時，我得到了自信與勇氣進入了心平氣和的境地。

隨之使我更器重栗谷所主張的「誠意」與「正心」，他所提倡的「天理」、「天道」就在人的正心誠意之言，使我回到故鄉，爲了解釋此道理，必須要以理氣論的構造來說明。

但是要了解理氣論，只靠邏輯是不可能的，在每個環節上要有把握大宗的體驗。

1981年年初，臺灣的天氣格外的晴朗，此時正是我整理二十年來所研究的學問，做最後的檢討來完成我著作的時候。

一切的論理都進行的很順利，意外的在「理通氣局」這一段有了解不開的疑問，近半個月不吃不喝來苦思也不得解，甚至於我懷疑到我根本沒有求學的才質，要是解不開這一段，我根本不能再寫出一個字，我可能要放棄此學位論文。更體會到想自殺的心情，當我悟出，廢寢忘食也不可能一瞬間思之而得時，太陽的烈光照進我的心坎中，投給了自信。

進研韓國性理學的獨特性的第一階段工作起步，應該就是從研究李栗谷先生開始。栗谷性理學的特性並不只是模倣程朱性理學，要注意給予栗谷性理學莫大影響的佛教體系也已具有博約的知識之點時，對我們了解韓國性理學的特性時會有所幫助。

我冒昧的把此拙著獻於學界之意是望各位前輩及同學多多指教，更希望對學界有所幫助。

宋錫球

一九九三年六月十日於內水踰洞杏村精舍

李　栗　谷

目　次

第一章　緒　論

儒學所指出的思想，最終目標在於成就「天人合一」，而由儒學追尋、研究聖人這點來看也可稱之爲「聖學」。

這種聖學與統治相關聯的政治傾向雖可稱之爲「內聖外王」，但此內聖內部的深化，即是如何自處之「爲己之學」的修己、正德的側面；外王之理想的實現，則爲「經世之學」的安人及利用厚生的側面。

因此在考慮儒學最後成爲「修己之聖學」與「安人之經世」兩者不可分之中心課題之時，如果一定要把儒學之研究分成單就修己的側面或是安人的側面來論述並非易事，因爲此兩者就像車輛之兩輪一樣具有相資相輔的緊密關係，不論缺那一個都不行。

但是另一方面，即使在歷史上，儒學有很濃厚的，要求與現實政治相連結之安人、厚生之側面，但因爲這得以修己的側面爲前提，所以無法否定成爲「聖人」的修己工夫是以先行課題的地位來展開。

爲己之學的儒學首先面對的難題，即理論的障礙。是在天人合一中，能否把人性完全實現的標準，置於自然（天）之中，這是關於眞理標準設定之客觀妥當性的問題。

因此宋代的性理學者們爲了確立關於這種客觀妥當的理論根據，乃覺悟到以往先秦儒學的概念，是無法對這種懷疑提出可滿足的論據，因而導入、創造了新的哲學概念。

宋代的性理學者們如此地自覺了儒學本身所具有的理論難題，同時爲了對抗當時佛老系統的形而上學理論，而將先秦單純的實踐儒學予以體系化爲理論儒學，以求解決和適應時代的問題，並且謀求儒學的再構成，以眞理尺度的「理」的概念，來解釋一直被理解成多樣性的「天」的概念，卽是一個好的例證。

因此透過所謂「性卽理」之理解的宋學之性理學，甚至以宇宙論將人性的區別予以圖式化，而且從解釋性卽理來正式地展開哲學體系。

所謂性卽理是把所有存在者之本性看作「理」，把理看作是變化之中具恆存性本質的概念。因此宋學以性理學將所有的存在，甚至根源與心性都解釋成理與氣的概念，同時把人之特性視爲理，並把追求研究這種「本來人性」（仁義禮智之性、絕對之善）的恢復定爲人之理想；另一方面則以「理」與「氣」二概念來把握人性的特性，同時以理氣概念所解釋下的心（人性）當作天人合一的媒介。

因此性理學對於儒學天人合一的終極目標，是利用「理」與「氣」兩個概念而將天人合一之客觀的妥當性予以理論化。但是性理學雖然說理論化了先秦的實踐儒學，然而並非只是展開客觀的理論，因爲旣言儒學的終極目標是天人合一，則在本質上存在了根源的眞理與我合一的問題，所以卽使理論化，但從「我欲成」之志向的側面來看，畢竟無法脫離實踐的爲己之學，亦卽天人合一雖是標榜整個人體驗的最終眞理，可照著活用，但是因其實現實際上是不可能的，所以不能脫離要求人們各自做實存決斷的爲己之學的傳統儒學範疇，在這方面性理學可說是重視人之內在性而以解釋內在性帶來了人性論之性理學的發展。

我認爲研究栗谷哲學思想的關鍵在於透過栗谷自己獨特的思索，來解釋他如何獨創化了前述之性理學的根本精神，此時我們的關切重心就在於栗谷如何將性理學目標的天人合一與內聖外王之理念予以體系化並進一步展開的問題。

因此筆者在栗谷哲學思想中將修己側面之誠意正心當做中心來討論時，若受到只論及栗谷哲學之全部體系中的一部分的批判，便不是毫無緣故的。特別是栗谷很關心經世的側面而留下很多突出的成績，又若不管誠意正心與《大學》之八條目中「格物致知」的「窮理」有不可分的關係，而只拿誠意正心爲中心來論述，則可能會遭到無法看到栗谷哲學全體的反評。

但是筆者不超過修己的方法，又有時總是將修己之目的的誠意正心當作中心來考察是有理由的。首先，在儒學中修己之根本無法脫離居敬、窮理、力行之時，筆者對於「居敬」存有著以理氣論來確立及體系化，使得提出「誠」之栗谷的哲學思想成爲一更明白的理論體系的意圖；第二，雖然栗谷言修己安人與重視經世側面，但不論何時他總以聖人爲準則，並有很強地實踐天人合一的意志，而且問題看到最後時，他的誠卽在於誠意正心，「安人」亦卽是這種精神的根本動機，具體地表現在社會上、政治上而已；第三，在論及性理學時，解釋「太極論」、「理氣論」、「心性論」如何和修己論及實踐連繫成有機的關聯，以誠意正心之修己論來展開栗谷哲學，乃是最適切的方法；第四，暫不考慮安人論、經世論，此修己論的延伸正是爲了經世論，所以首先理解修己論之誠意正心，而且透過誠意正心來完成經世論，乃是由筆者從他最根本處來處理的意圖而來的想法。

事實上，誠意正心是天人合一，卽儒學之理想價值實現的方法論。栗谷旣言實理卽天道，實心卽人道，實理與實心的一致在人的一面卽是聖人（進入自然與人的合一境地之人的象徵），這是因爲聖人，所謂豁然貫通的人，透過實心完全地領會實理的一切之緣故。所以誠意正心旣是以實心，又是以誠來集中凝聚豁然貫通的方法條件。

因此對栗谷哲學思想，以誠意正心來做爲研究中心，是爲了完成「聖學」之性理學理想的天人合一，也是把握實心的分析法其中之一。由栗谷在其著述中就理氣論而與牛溪有著正式的討論書函，再從其透過本身獨特的理氣論理解而著述之《聖學輯要》來看的話，那麼卽使其在經世中留下了許多成績，但仍可見得無論如何其理想是爲己之學的聖學。

他在《聖學輯要》中將傳統修己方法的居敬，改稱爲「收歛」，而且如果從他另置正心章以論誠來看的話，則可理解他有多麼地重視正心與誠了，因之（雖然栗谷的《聖學輯要》是以《大學》爲中心而訂綱目，並以之來說明《中庸》）這是栗谷執著於把誠意正心看作是聖學之根本方法的證據。

筆者以這種立場，卽栗谷聖學的實踐方法是以誠意正心爲特徵，而且誠意正心是《大學》八目之一擴充而成爲栗谷修己的中心，來理解之。

誠意正心是誠論、是正心論，在此我想透過它與栗谷哲學中心概念的理氣論的關係，來解釋誠意與正心怎麼成爲天人合一的修己根本。

因此在討論的方法上，亦闡明栗谷之太極論、存在論（理氣論）、心性論的理氣論構造；另外，將誠意正心在栗谷學說中必定成爲修己根本之必然的理論根據，予以體系化。

此時我們面對的問題是：栗谷之做爲性理學者，繼承了宋代程朱系統的哲學，並且受到他們理論的許多影響，而留下了對他們之間關係的處理問題。針對此問題，筆者在論文的導入部分略述程朱之基本的理氣論，而且在必要時分別地加入各章中，如評估栗谷的獨特性或在概念中需要程朱來做了解之時，做一個簡略地比較敍述，但是徹底的比較研究因超過本論文的主題，所以不做深入分析。

因此我們的討論，是把栗谷理氣論的特徵應用於心性論，並把焦點配合於誠意正心的修己方法，在某種程度上是否可以合理化的方面來進行，而且最後闡明栗谷之誠意正心如何與其務實的修己論連結，以及其如何至少一面是傳統的性理學者，另一面又調和、突破當時最具影響力且被當作教條的程朱理氣論，進而試圖剖析那使他孕育務實之實學理論的基本根據。

栗谷至少一方面繼承「性卽理」的性理學，一方面又言「心是氣」而獨特地發展主氣傾向的性理學，然其歸結並不只在居敬之動機爲主的行爲論中，我希望我的闡述能一併包含誠之動機與結果的實踐論之理論根據。或許可因此而渡過今日倫理學的行爲之動機主義與結果主義之片面獨斷理論的泥沼。更因此我們可看出栗谷所志向的是成聖的內聖外王和天人合一之人間權威的恢復，與人間道德的主體性與自律性，而且透過其境遇，我們期待能認識性理學不是空理、空論的思辨哲學，而是眞正的人間學，有著實際學問的附帶效果。

在此栗谷把心性情一路的論調昇華爲誠，同時可理解其以主張正心而眞正確立了「成人」之行爲的客觀尺度。

今日物質文明的發達與學問的多元化，在行爲或在價値的具體實現中遭遇了深刻的倫理的懷疑論，在此栗谷「誠意正心」的修己論研究是使人的本性顯現，而且以闡明其顯現性的根據來恢復已喪失的道德主體性，如果在提示善的行爲的客觀標準能成功的話，我相信可以給今日活著的人帶來許多新的意義。

第二章　生平與著作

第一節　時代的背景

栗谷名珥，字叔獻，德水李氏人，中宗三十一年（1536年）十二月二十六日凌晨出生於江陵府北坪村申進士命和氏宅內烏竹軒，此時乃中國明世宗嘉靖十五年，在日本則是後奈良天文五年，也就是壬辰倭亂的主導者——豐臣秀吉（1536～1598）——出生的那一年。

栗谷出生的時代，已是朝鮮朝的中期，亦卽歷經創業、守成，而邁入了朝鮮的中衰期了，封建朝鮮建國初期的一百年，以儒教（尤指性理學）爲立國理念，所有的制度、文物，均已步入正軌，世宗、世祖、成宗的治世，可謂是近代朝鮮的文藝復興期，文人學者輩出。另一方面，古典的整理和研究蓬勃發展，創制了『訓民正音』❶，留下了偉大的民族遺產；在政治方面，具有性理學知識的士林（處於田園山林，工夫儒學的文人、學者），大舉參與政治，而形成了帝相政治的基礎。但是，如此稍能安定的時期，並沒能維持多久，卽開始在支配階級間產生了衝突。例如，想要享用兩班（朝鮮官僚地主階級的稱謂）階級特權的人，在僅有的官職裏爭搶。如此，必然於競爭中出現鬪爭，這種鬪

---

❶ 世宗二十五年（1443年），「集賢殿」的學士們發明了韓國的文字及其書本。它們是 17 字子音和 11 字母音。

爭促成了勳舊大臣（當時代表了支配階級的高官大爵）與士林間的對立，「而其導火線則是士林們要求糾正勳舊大臣爲擴張農莊（勢力家們所占據的大土地而形成的）意圖修正土地制度一事，而造成對立，也釀出了士禍」❷。

第一次士禍，即戊午士禍，發生於燕山君四年（1498年）七月，是勳舊派以史草問題爲由，攻擊士林派所產生的政爭，此時即栗谷出生前三十八年。

燕山君本就不喜研究學問，即位後更是放縱奢華，恣欲享樂，不問政事，尤其他喜佞臣，惡諫士，他常說：「我之不能享受自由之樂，皆因學士輩之故」，在此所謂的學士輩，也就是指士林派的文臣和學者。

後來，柳子光（?～1512）、李克墩（1435～1503）、尹弼商（1427～1504）等所主導的戊午士禍，即是針對士林派言官的挑戰所採取的對應措舉。其後果則造成士林派官僚的遭受迫害，有增無減。已死去的金宗直（1431～1492）被剖棺斬屍，金馹孫（1464～1498）、權五福（1467～1498）、權景裕（?～1498）、李穆(1471～1498)等被淩遲處斬，也牽連了數百名的士林遭禍。不過，這些遭害的人大都是金宗直的門下，金宏弼（1454～1504）、鄭汝昌(1450～1504)，以及朱溪副、正深源等的門人，則未受太大關連，這或許是由於這些文人在戊午士禍當時(1498年)，只不過是十幾、二十出頭的小伙子，和政界未有太深的利害關係之故。「這些人得以倖免，也直接促使中宗朝的士林派得以登場」❸。

---

❷ 參看李基白，《韓國史新論》（漢城，一潮閣，1973）（韓文文獻）。

❸ 參看李秉杰，《朝鮮前後期畿湖士林派研究》（漢城，一朝閣，1984）（韓文文獻）。

因士禍而謫居的士林派門人，則繼續他們的教育活動。例如金宏弼在平安道熙川謫所指導靜庵趙光祖（1482～1519），終使金宗直、金宏弼一脈的朝鮮性理學，得以安定且延續傳承下來。

其後，1504年又發生了甲子士禍，此乃與宮中勾結的朝臣和府中的朝臣，因彼此的間隙反目所造成。燕山君一方面擬加課百姓的貢物，另方面又想將賜予功臣的用地與奴婢沒收，因此，大部分是功臣的勳舊派朝臣，乃起來反對，奏請節省宮中支用，並想對君王的奢靡生活，加以限制。在此時間，朝臣分爲宮中派與府中派，相互鬪爭，終於，以宮中爲中心的官僚勢力，給予包括新進士派的府中官僚勢力一大打擊。在此次政爭中，金宏弼等數十名朝臣被處死刑，鄭汝昌等數名被剖棺斬屍。這次士禍的影響所及，使士林派勢力至少在燕山君被廢位之前，在中央政界毫無立足之所。

燕山君的奢靡享樂和失政，以及因士禍引起的混亂中，終於在 1506 年發生了中宗反正事件。燕山君被廢，中宗卽位。中宗登上王位後，隨卽試圖復興儒教政治，起用因兩大士禍被罷黜的士林派，給予政治注入活力。由於中宗力圖消弭、改革燕山君暴政，終又使得新進士一派再度登場，當時以趙光祖爲始，金安國（1478～1543）、金正國（1485～1541）都可說是代表。

曾是金宏弼的得意弟子，素有「小學」才子之稱的趙光祖，致力於恢復因士禍無辜遭難文人的名譽，他於中宗十年（1515年），因成均館 200 餘名儒生的連名薦舉和吏曹判書安塘(1460～1521）的極力推薦，而一躍榮登六品官職。

他深得中宗的信任，每於謁見中宗時，極力強調：(1) 崇道學（言道義之學)，(2) 正人心，(3) 法聖賢，(4) 興至治，揭櫫至治主義，倡導力行三代的王道政治；爲此，廣開文教，中宗十二年(1517年)效法中國的呂氏鄉約，實施鄉約、打破迷信、設置賢良科等，引進革新的政治制度。然而，由於太過趨於理想化，反顯得矯枉過正，同時，中宗反正時的主力功臣勳舊派和新進勢力士林派間，再度因反目而對立，又發生了己卯士禍（中宗十四年，1519年），以趙光祖爲中心的新進士派的王道政治理想，終因政爭失敗而胎死腹中了。

趙光祖下臺後，士林一派再度嘗到挫折的滋味，氣勢消沈，此後在權臣的支配下，士林文人好長一段時間打消了進入政治核心的念頭，紛紛返鄉埋頭研究性理學的深奧理論，培養後進。在此風潮下，性理學反而盛行開來，私學書院陸續成立了。

己卯士禍後，政治上開展成權臣間的政權爭奪戰與外戚間的權力鬪爭，終於又引起了乙巳士禍（1545年），此時正是栗谷先生十歲的那一年，這次的士禍起因於中宗異腹兄弟的兩大外戚勢力，就王位繼承誰屬的問題，相互爭奪，意圖掌握政權。這兩勢力的對立，使得士林出身的文人分爲兩派，各各加入所擁護的一派，終於以尹元衡（?～1565）爲中心的小尹派，擊退了以尹任（1487～1545）所領導的大尹派，掌握了政權，同時也開始了文定大妃的垂簾聽政。

文定大妃死後，外戚勢力的尹元衡一派也跟著沒落，形成士林勢力的新進士一派大舉進入政治核心的契機，遭到權臣、外戚迫害的士林再度受到重用。尤其，在明宗的新政下，士林大舉進入中央政界，然而，卻也逐漸形成士林間的朋黨派系，展開官僚之間的對立與分裂，甚至黨爭了。

栗谷的時代，也就是如上所述四大士禍發生的時代，在這種情況下，栗谷認爲儒教政治的理念，即王道政治的能否實現，在於王的心術如何，這從歷史中可獲得教訓，同時他強調修己治人，換回因士禍而甚痛憊的民心，改善百姓的生活，實行政治改革。尤其他鑑於趙光祖因採取激進主義式的改革，而慘遭失敗，因此，他主張溫和的社會改革。

第二節 生涯和著述

栗谷生性溫和仁慈，事親至孝，五歲時，看到母親病重，就潛入外王父祠堂祈求母親痊癒；七歲時，爲文作〈陳復昌傳〉，諷刺表裏不一的政丞（高官人），足見此時已具有辨別是非的判斷力。八歲時，登上坡州的『花石亭』作詩，流露出他「山吐孤輪月，江含萬里風」的氣概，可見他心胸的寬大；九歲時，畫「兄弟奉父母同居圖」，表現了他對父母的孝心與兄弟間的愛情；十三歲中進士解；十六歲時，母申夫人病逝，服三年心喪；十九歲，入金剛山拜佛，此後一年間在此專研當時流行的佛書。

二十歲時，自金剛山下山，進入以儒學爲聖人之道的道學，作〈自警文〉十一條，在此他自我警惕，決心以聖人之志爲準則。

二十一歲，參加漢城試，狀元及第。

二十三歲時，在禮安陶山謁退溪先生，共度一宵。是年冬天，參加別試解，狀元及第，內容就是〈天道策〉。

二十九歲時，終於明經及第，拜戶曹佐郞，並承御命，製進御題律詩。

三十歲，移禮曹佐郎。八月上疏論妖僧普雨，進言將死刑降等一級，使之下鄉歸養，又上疏論尹元衡之罪，十一月拜受司諫院正言。

三十一歲三月，再度拜爲正言，五月與同僚上疏君王，論〈時務三事〉：第一，請正心以立治本；第二，用賢以淸朝廷；第三，安民以固邦本❹。是年多天，拜吏曹佐郎，時仕路混濁，淸議不行，栗谷慨然以循公絕私、抑惡揚善爲指標，但反遭小人猜忌。此時，栗谷的義理精神與國家觀，開始顯露出來。

三十二歲時，六月，明宗昇遐，退溪先生入京，與退溪先生論國葬，勸退溪先生留在經席之上，不聽，竟下京南歸。此時貪官汚吏猖獗，民生窮困，民心不安，先生遭此國喪，「謂新服之初，正是振作之幾，言於長官，欲精擇初入仕，以爲擇守令之本，而一循公議、禁絕請託之弊，長官面諾而不能用，先生歎曰：『痼疾，誠不可醫也。』」

九月，與吏曹郎官上疏，論沈通原之罪。曾任左議政的沈通原以仁順王后沈氏爲靠山，而沈氏甚爲跋扈，先生見此不義，不顧權力的壓抑，以秋霜的筆法上疏，終使沈通原被削職下放返鄉。十月，回復奇大升（高峯，1527～1572）的書信，針對奇高峯所謂「『止至善』只屬於行處，『明明德』非窮理盡性」的論點，辨之曰「至善云者，知行俱到」。

三十三歲（宣祖元年，1568 年）五月時，與成渾（牛溪，1535～1598）先生論至善與中及顏子格致誠正之說。拜命千秋使書狀官，出使明朝首都，宣揚國威，使中國再度體認朝鮮乃東方

---

❹ 《栗谷全書》，卷三十三（漢城，成均館大學校大同文化研究院刊），〈年譜上〉，頁 810。

禮儀之國。十一月，復拜吏曹佐郎，聞外祖母李氏病重，棄官歸返江陵。

三十四歲六月，復眞除校理官，七月還朝。先生上疏請解職，未獲允諾，王反而特命他返歸看顧外祖母，由此可見他的孝心及對權力欲望毫不留戀的道學精神。這月，先生侍君進講《孟子》，論人君問學之功，力說「當今民生困悴，國勢日益頹敗之際，王應奮發大有爲之志，存心道學，講求善政，實現格致誠正，以成內聖外王之功。」

九月，製進〈東湖問答〉，謂眞儒乃能立言垂後者也。「夫所謂眞儒者，進則行道於一時，使斯民有熙皥之樂，退則垂教於萬世，使學者得大寐之醒。進而無道可行，退而無教可垂，則雖謂之眞儒，吾不信也。」❺〈東湖問答〉共有十一條，其一論君道，其二論臣道，其三論君臣相得之難，其四論東方道學不行，其五論我朝古道不復，其六論當今之時務，其七論務實爲修己之要，其八論辨姦爲用賢之要，其九論安民之術，其十論教人之術，其十一論正名爲治道之本。其中「時務論」項目裏，謂「治亂在人，不係於時，時也者，在上位者之所爲也。」以及第九條「安民術」項目裏，論及「一族切鄰、進上煩重、貢物防納、役事不均與吏胥誅求之弊端」，可看出他的社會改革思想與實事求是的一面。

三十五歲時，拜校理，被召還朝。十月以病解官，回海州野頭村。十二月八日，退溪先生別世，設靈位哭弔。

三十六歲正月，自海州回坡州栗谷，雖拜命吏曹正郎，先生

---

❺ 《栗谷全書》，卷十五，〈東湖問答〉。

辭命不赴。再返海州，六月眞除清州牧使，先生赴任後，致力於教化，並手撰鄉約，以率州民。他試圖藉由州民的精神、道義之生活鄉約，建立出不閉戶的大同社會，由此可看出他的鄉約精神。「鄉約凡四章，一曰德業相勸，二曰過失相規，三曰禮俗相交，四曰患難相恤。」❻實現這種美風良俗的國民倫理生活，是他極爲夢想的理想社會。

但是，先生於三十七歲那年的三月，因病上京，夏天拜除副應教，以病爲由辭歸栗谷。在此與牛溪先生論理氣、四端七情與人心道心。

三十八歲那年的七月，朝廷任命他爲弘文館直提學，因病堅辭不受，八月回栗谷，九月復拜直提學，旋復升爲春秋館修撰官。

三十九歲的正月，升爲右副承旨，上〈萬言封事〉。在此書上，他陳言時宜隨時變通，立法以安百姓，強調安民比立法爲先，舊法也因時而改變，只有安定百姓方是時務。先生更提到，大道之不行，政治之不彰，乃因無實功之故。所謂實功，在務求實效，無尙空言，因此，他指出那個時代無功、無實效的弊端有七：一爲上下無交孚之實，二爲臣鄰無任事之實，三爲經筵無成就之實，四爲招賢無收用之實，五爲遇災無應天之實，六爲羣策無救民之實，七爲人心無向善之實等等。由此可看出他是多麼的強調誠的重要性，誠就是實心、實理、實功。

十月拜命黃海道觀察使，此時先生上疏請求改革一道之弊。

四十歲三月，因病歸返栗谷，任命爲弘文館副提學，六月上劄言〈君德論〉。其內容，一言立志，二言進德，三言推行，四

---

❻ 《栗谷全書》，卷十六，〈雜著三〉，頁 340-367。

言保躬。上答之曰：「毋甚高論，寡人不敏，不足以當之。」先生翌日入庭對曰：「上所答毋甚高論，若只是殿下謙辭則可矣，若實以臣等之言爲高，則恐非宗社生民之福也，漢文帝以三代之說爲高論，故功烈如彼其卑，此豈可法乎。」栗谷先生的勇氣不可謂不佳。宣祖再命他刪正四書小註。

九月進〈聖學輯要〉，此乃先生輯經史要語，期望宣祖能行如同堯舜的內聖外王之功，內容共分爲「統說」、「修己」、「正家」、「爲政」、「聖賢道統」等五篇。十月進講「大學衍義」，論克己復禮。

四十一歲時的二月，再度返回栗谷，十月又回海州石潭，十二月入京，受命爲兵曹參知，但栗谷先生力辭，並決意自仕途告歸。

四十二歲的正月，返回石潭，開宗族會，作〈同居戒辭〉，十二月完成《擊蒙要訣》，有儒學入門書之稱的這本書，提示初學者的讀書方向，共分爲 11 章，(1) 立志，(2) 革舊習，(3) 持身，(4) 讀書，(5) 祭儀，(6) 事親，(7) 喪制，(8) 祭禮，(9) 居家，(10) 接人，(11) 處世。

四十三歲，三月拜命大司諫，但堅辭不受。這時，他上〈萬言疏〉，曰：「殿下欲知臣可用與否，則當問以時事，不可用則願勿更召。」宣祖答曰：「爾如有所懷，可實封以聞。」

四十四歲三月，完成《小學集註》，以爲小學是初學急務，而諸家注解，雜亂多誤，因此乃集眾說而折衷之，略補己意。五月又拜命大司諫，但先生仍上疏辭退，並陳述「保和朝廷之道」。此時朝廷中東人與西人的紛爭不已，先生獻東西調劑策，卻不見任何效果。

四十五歲時的十二月，赴任大司諫，宣祖引見曰：「久不相見，無乃欲有言乎？」栗谷先生拜謝，乃曰：「君欲用賢才，則必先修己，何則？彼賢士不求富貴，只求行道。人君不先自治，則賢士必不爲之用，而求富貴利達者，充斥朝廷矣。古者，爲官擇人，久任以考其績，今則不論才之當否，朝遷暮移，如是而求其不瘝厥官者，未之有也。」

四十六歲上劄請變通弊法，改定貢案，併省州縣，久任監司，用賢修己，去私朋和朝廷。六月，升爲司憲府大司憲，辭不受，但不被允許。時三司攻擊先生，朴思庵爲之辨曰：「年少輩識見暗昧，如叔獻可作儒林宗匠，時輩當聽命，而乃以不緊之事，爭辨至此，置國事於度外，可謂逐鹿而不見泰山矣。」栗谷也被捲入士林間的鬪爭，彼時東西士林爭鬪日甚，相互組黨對立。九月，拜爲大司諫，以病爲由請辭，上辭書曰：「當今急務，在於打破東西，保合士類，而臣不能鎭定，請爲庶官，以盡葵藿之誠。」十月，任命爲戶曹判書，請辭不許。先生請設經濟司，然上不許，不過由此亦可知先生洞察重經濟的實學精神。十一月完成《經筵日記》。

四十七歲時的正月，拜吏曹判書，三辭均不獲允許，只得赴任。旣就職，專以改革救弊，清仕路爲務。七月，奉君命製〈人心道心說〉，呈上御覽。先生於此倡「人心道心相對終始說」，謂「知其爲人心，則精而察之，必以道心節制，而人心常聽命，則人心亦爲道心矣。」「七情卽人心道心善惡之總名，四端則道心及人心之善者也。」這個月中，奉宣祖之命，作〈學校模範〉及〈事目〉。八月拜刑曹判書，十月受遠接使之命，迎接詔使，爲詔使作〈克己復禮說〉。十二月復受命爲兵曹判書，力辭不允，陳

「西路民弊」。

四十八歲二月，啟陳〈時務六條〉，一曰任賢能，二曰養軍民，三曰足財用，四曰固藩屏，五曰備戰馬，六曰明教化。極論「有備無患」的精神，也就是爲保衛國家，平時應多做軍事準備。四月，上封事極陳改革時弊，復申前請改貢案、改軍籍、併省州縣、久任監司等事，又請庶孽許通、公私賤有才者贖良等事。先生如此力請庶孽許通仕路，高揭人人平等的自由精神，進而有鞏固國防的信念。先生的改革理念絕非空談高調，而是具有實際的、具體的養民、保民、保國精神。這個月的某一天，先生入封力請預養十萬兵以備不虞之變。先生於經筵啟曰：「國勢之不振極矣，不出十年，當有土崩之禍，願預養十萬兵，都城二萬，各道一萬，復戶鍊才，使之分六朔遞守都城，而聞變則合十萬把守，以爲緩急之備。」六月，被三司彈劾，引咎辭職，返歸栗谷。理由是：第一，京城挑選善射者，赴地方參戰，然地方戰馬難獲，栗谷未得君命，擅自將三等以下射手，令其納馬免防；第二，栗谷素患眩暈症，一日上命召先生，先生突發暈眩，未及承政院，三司乃藉口彈劾，先生專擅權柄，驕縱冒上。於此，先生想到難與小人共論國事，因而引咎下野。先生渡船經過楊花渡時，作去國詩一首，詩云：

四遠雲俱黑，中天日正明，孤臣一掬淚，灑向漢陽城。

這是一首多麼忠君愛民的忠節詩啊！在他心中只有國家、國民而已。七月，從栗谷返回石潭，九月再受命爲吏曹判書。

四十九歲的正月十六日，先生一生愛國憂民的高貴情操，終未能實現，而於京城大寺洞之寓所與世長辭。逝世前兩日的十四日，聞徐益受巡撫北路之命，欲以方略授之，子弟諫之以爲病疾方劇，不應費神，先生乃答之曰：「此國家大事，不可蹉過此機，予豈惜命乎？」說罷令子弟扶起，以口述令弟瑀書寫，共六條，大意爲：「宣上仁德，招綏蕃部，伸我王威，殄滅叛胡，簡省使命供億，以紓民力，預察將帥才略，以備緩急。」如此臨終之時，仍本著滅私奉公的精神，一心忠國、忠君、忠節。

他的一生只在促請君王實現內聖外王的王道政治，與病苦纏鬪一生，仍不失道學的風采，表現出立言垂後的模範，眞可說不愧是位眞儒的大政治家、經世家、教育家、性理學者，同時也是國家了不起的忠臣。

先生死後，牛溪先生哭之曰：「栗谷於道，洞見大原，其所謂人心之發無二原，理氣不可謂互發等語，皆實見得。誠山河間氣，三代上人物，眞是吾師。天奪之速，不能有爲於斯世，痛矣夫。」

門人金長生於〈栗谷先生行狀〉文中，曰：「先生之道，雖不得行於一時，然其爲萬世開太平，則其功可謂遠且大矣。」

先生果能預見未來，瞭然現在，終其一生，只在憂慮國家與百姓的安危。如此爲國、忠君、忠節的情操，較之他在性理學上的成就，是更值得後人崇仰與讚許的。

第三章 理氣論

第一節 基礎理氣概念

一、程朱的理氣概念

宋學是以形而上學來解釋先秦的原始儒學，把宇宙和人生的根源予以體系化且展開其實踐論，因此其特色是以理氣理論來解釋把天人合一及內聖外王視爲根本的儒學本質，這種理氣論的構成隨著如何解釋先秦時代的《周易》中所謂「易有太極」❶文中的太極，而產生不同的理論開展。漢唐的許多注疏學者們雖然把太極稱作太一或是元氣❷，而作氣一元論的解釋，但是到了宋代，周濂溪（1017～1073）對此繪太極圖❸且作〈圖說〉，言「無極而太極」，並爲了理解太極的實體性，試圖用無極的觀念來解釋太極，從此便產生了新的哲學問題。程伊川（1033～1107）雖然曾說「性即理」，但尚未能確立透過理、氣來解釋存在與根源之理氣二元論的體系。但是到了朱子（1130～1200）則把周濂溪的「無極而太極」當成百世學問道術的根本，其注釋說道「上

---

❶ 《易繫辭上・十一章》。
❷ 參照十三經注疏，「易有太極」之「太極疏」。
❸ 周濂溪作成太極圖且作〈太極圖說〉。其言：「無極而太極，太極動而生陽，動極而靜，靜而生陰，靜極後動，一動一靜，互爲其根，分陰分陽，兩儀立焉。……」由此產生無極而太極的問題。

天之載，無聲無臭而實造化之樞紐，品彙之根柢也」❹，把太極定義爲理❺，因此朱子具有理氣的概念而且他是集解釋存在的根源和人的本質之理論體系的大成。

程朱的理氣論到了韓國朝鮮時代成了政治、社會、文化、學術的重要根本，而且此哲學的展開，在退溪（1501～1570）和栗谷（1536～1594）達到了最精緻的地步，因此，這兩賢在韓國的性理學中，佔有最重要的地位。

栗谷卽在這種學問的環境上，透過程朱的理氣概念來把他的哲學體系化，因此我們首先必須要考察程朱的理氣概念。

按照唐君毅教授的解釋，可把理的意義分析成六個種類❻，我們可重新整理解釋爲：(1) 的文理之理是人倫人文之理，言人與人之間的相互活動，相互表現精神，(2) 的名理之理的理是哲學本體論上的理，(3) 的空理之理是以超越思想言說來顯示出思想言說之理，(4) 的性理之理是人生行爲內在的當然之理，一方面有形而上的意義，另一方面與天理相通，(5) 的事理之理可以看作是看到客觀對象之存在事物之理。

唐教授對於理的六種解釋，全部都是隨著其時代的淵源而透過思想的總括所理解而得的，綜合了這樣的見解，可看出所謂的理一方面亦是意謂眞理，一方面也意謂「原理」、「原則」、「理法」、「條理」，而且「理」以所當然者和所以然者（成爲那樣之理由）來出現時，隨著時機的不同，這兩個種類彼此有形

---

❹ 《周子全書》（廣學社印書館印行），頁5。
❺ 上揭書，頁 195，集說：「朱子曰，極是道理之極至，總天地萬物之理，便是太極，太極只是一箇實理。」
❻ 唐君毅，《中國哲學原論・導論篇》（臺灣學生書局印行，1978年），頁4。

成對比的情形，前者大體是指規範法則，後者是指自然法則的側面，但是「理」在使用上並沒有嚴格的區別。而卽使在沒有對比的情形下，強調所當然之意時，理常常通用爲「善的原理」及「善本身」的意思，這點可說「理存在與價値有密切的關係中」❼，很明顯地把理當成人生行爲的內在之「當然的理」。

現在首先透過最初主張理氣二元論的程伊川與朱子自己的言論來舉出關於理氣的說明，從伊川言：

> 「一陰一陽之謂道，此理固深，說則無可說，所以陰陽者道，旣曰氣，便是。」❽
>
> 「離了陰陽更無道，所以陰陽者是道也，陰陽氣也，氣是形而下者，道是形而上者，則是密也。」❾
>
> 「一陰一陽之謂道，道非陰陽也所以一陰一陽，道也，如一闔一闢之謂變。」❿

來看的話，其視道爲形而上者，是陰陽造化的所以然，而且他說「天地之道，至順而已矣，先天不違，亦順理而已矣」⓫，是說天地的造化至順而按照著理，因此言「道卽理」，由此看來可知理是一定的道理、理法，卽使在陰陽之運行中，陰陽也不是自然

---

❼ 尹絲淳，〈退溪之人與思想〉，《退溪學報》5、6輯，頁 102（韓文文獻）。
❽ 《二程全書》（臺灣中華書局印行），遺書第十五，伊川先生語一。
❾ 同❽。
❿ 上揭書，第三，二先生語三。
⓫ 同❿。

而然，而是有著陰陽，卽氣，的運行理法，才會運動成那樣，所以由此看來，無疑的是把道卽理看成所以然及所當然的形而上者。

朱子用理氣來解釋太極及陰陽，言太極爲理，氣爲陰陽因此朱子在其語錄中言道「太極只是天地萬物之理」⑫，又「太極只是一個理字」⑬。

朱子把氣的能動性及理的非動性作出如下之說明：

「蓋氣則能凝結造作，理卻無情意，無計度，無造作，只此氣凝聚處，理便在其中，……若理則只是箇淨潔空濶底世界無形迹，他卻不會造作，氣則能醞釀凝聚生物也，但有此氣則理便在其中。」⑭

因爲理是個淨潔空濶的世界，所以他本身雖無造作、無情意、無計度，但是氣卻凝結造作，醞釀凝聚，成爲萬物的實質的材料，而且以自己的力量起作用，由此看來無疑地理是非活動之物，但是理卻存在氣的造作之中，然則無氣就無理嗎？關於這點朱子一方面主張理氣不可分離，一方面又主張理在氣先。朱子言：

「天地之間，有理有氣。理也者，形而上之道也，生物之本也。氣也者，形而下之器也，生物之具也。是以人物之生，必稟此理，然後有性，必稟此氣，然後有形，其性其形，雖不外乎一身，然其道器之間分際甚明，不可亂

⑫ 《朱子語類》，卷一。
⑬ 同⑫。
⑭ 《朱子語類》，卷一。

也。」⓯

說是天地間理氣共存，而理是形而上的道體，是使所有萬物均具其性的根本，所以把理解釋成超經驗的、普遍存在的原理，另一方面把氣看作是形而下之器物，形成形象經驗的因素，也是實質物體的材料。

然則理氣的關係又是如何呢？當然理被視作形而上的道體，氣則是形而下之器，是實質的材料，但是一個成爲性，一個卻成爲形，從事物上來看的話，雖是一體，但是性與形很明顯地是不同之物，同樣的道、器之分亦很分明而無混亂，朱子把這個區分更加具體地說明如下：

「所謂理與氣，此決是二物，但在物上看，則渾淪不可分開各一處，然不害二物之各爲一物也。若在理上看，則雖未有物，而已有物之理，然亦但有其理而已，未嘗實有是物也。」⓰

朱子像這樣很明確地區分理氣而說「決是二物」，然此二物在個體之中雖彼此渾淪不可分開，但是在概念上可說有物之前只可想到理，所以無物（氣）也有理，因此說理爲萬物之所以然，存在萬物之中，然而其主張即使沒有成爲萬物形象之氣，理還是實際存在的，所以說理是淨潔空濶底世界，是實際存在的。但是

⓯　《朱子大全》，卷五十八，〈答黃道夫〉。
⓰　上揭書，卷四十六，〈答劉叔文〉。

朱子一方面說理是「然理又非別為一物，即存乎是氣中無是亦無掛搭處」⑰，這卻又指出理是在氣中之物，無氣理則無所掛搭，因此理並非是超越氣之物。如此看來朱子的立場雖是把理氣當作兩個概念而成為二物，但是實際上一方面看成是一物，具有不可分離的關係。一方面認為理是個體實際存在之前已先存在，則無論在那裏，邏輯上可把理認為是先在於個體的產生之前，再從現象面來看的話，有氣必有理。朱子一方面說理氣無先後，一方面由其所從來的角度推論得，理應先有，這也被認為是邏輯之言。

朱子關於理氣的先後，作出如下之說明：

> 「理氣本無先後之可言，然必欲推其所從來，則須說先有是理，然理又非別為一物，而存乎是氣之中。」⑱

由此話看來，的確由所從來的地方看，理比氣先，但是理亦在氣中。

我們可說，就朱子的本體論而言，則理氣無先後，但由現象論來看的話，因為理在氣中成為氣之所以然，而雖說是在氣中，但實際上可說是理的先在，如此才有氣據理而成一定之形。朱子說：

> 「未有天地之先畢竟也只是理，有此理便有此天地，若無此理，便亦無天地，無人無物，都無該載了，有理便有氣

⑰　《朱子語類》，卷一。
⑱　同⑰。

流行，發育萬物。」⑲

可知，他視天地誕生前畢竟是此理先有，氣按照理而變化，而有天地、人及萬物，因此理可看作是天地萬物之所以然的法則。

由上文討論，可知朱子確實一方面說理氣無先後，一方面又說理是先天地萬物而實際存在。而此理自己的顯現可說是透過氣來達成，因此理在氣先之見解雖說是邏輯的考慮，但是亦可說是有較尊崇理的意思。

不論如何，朱子主張理是氣做爲質料成爲具體化的形物之前，已經先存在時間空間之中（其意不論在何處，也許是「對機之說」也說不定）。這無疑對於理氣無先後的主張，在形式上產生了矛盾。對於朱子一方面說理氣無先後，一方面同時主張理先氣後，因此就有人批評此顯示了其觀點的不徹底⑳。

理先存在而成爲氣之流行的所以然，所以事實上天地萬物無不是據理所產生的。

接著，朱子對理一分殊作出如下之說明：

「太極只是天地萬物之理，在天地言則天地中有太極，在萬物言則萬物中各有太極，未有天地之先畢是先有理，動而生陽亦只是理，靜而生陰亦只是理。」㉑

---

⑲ 同⑰。

⑳ 裵宗鎬，《韓國儒學之課題與展開（Ⅰ）》（汎學圖書，1979），頁 31。（韓文文獻）。

㉑ 《朱子語類》，卷一。

此言萬物各具一太極，亦卽萬物接受各各一太極而成爲萬物，可說，天地萬物與每個人都是一個太極，整體言之，太極是萬物的統體太極，分而言之則每一物各具一太極，因此成爲一而萬之太極，然則一太極如何成爲萬，對此，朱子言:

「本只是一太極而萬物各有稟受，又各自全具一太極爾，如月在天，只一而已，及散在江湖，則隨處而見，不可謂月也。」㉒

並非是太極分裂而成爲各各的一太極，而是像月亮照在江、湖之中成爲數千個月亮一樣。結果因朱子的太極是理，並且理是超越的實在，是較氣先在之物，因此卽使無氣，理亦可單獨存在，但是隨後，理與氣結合而操縱氣，且存在氣中。

由上文的分析，我們可結論朱子的理，可區分爲超越的、實在之理的統體太極與理氣的相對之理。

下一個問題是這種理氣的機能。朱子很明白地說氣因動靜而成陰陽，但氣之所以然卽是理，又因他說「理無情意、無計度、無造作」㉓，而氣有動靜，理無動靜，乃是動靜之所以然，因此朱子言:

「天地之間，只有動靜兩端，循環不已，更無餘事，此之謂易，而其動其靜，則必有所以動靜之理，是則所謂太極者也……動靜陰陽皆是形而下者，然動亦太極之動，靜亦

㉒ 上揭書，卷四。
㉓ 上揭書，卷一。

太極之靜，但動靜非太極耳。」㉔

此動靜之理雖就是太極，但動靜陰陽卻全是形而下者，動亦太極之動，靜亦太極之靜，但是動靜並非就是太極，因此太極本身是理，不作動靜，它只不過是動靜之所以然罷了。但是如果誤解這一句話，很容易理解成似乎太極本身是行動靜之物。然而，朱子的本意是太極卽理，並且處在動、靜之中，並不視其爲具有動靜之能動者或能靜者，這不過是說氣的靜中有理，動中亦有理的存在，但是此理並不能離開具體現象之氣而存在。

我們到現在爲止已經考察了關於理之所以然的側面，現在應該要探討理之所當然且當爲的側面。

明道解釋《易大傳》所謂的「一陰一陽之謂道」，把「所以陰陽者」㉕說成道，而又說是理，所謂陰陽卽意謂了變化，此變化卽是易，易又有生生之謂易的說法。這種變化卽意味了自然世界的生成，因此道或理以自然世界之生成法則而成爲存在之理，這種自然的存在之理是人的力量所無法影響的天理。所謂自然世界生成之理，其作用類似於自然的因果律，但是，假如人只依賴這種自然之理的存在之理而活的話，那麼人就失去了自律的自由，所謂自由卽是選擇之根據，而人失去了這種選擇，那便將陷入極端的宿命論中，而使人類世界的道德或是文化、教育喪失其存在價值的根據。可是，人類世界中有人之所應爲的，換句話說，就

㉔　《朱子大全》，卷四十五，〈答揚子直〉。
㉕　《二程遺書》，卷十二，〈明道先生語二〉，「一陰一陽之謂道，自然之道，繼之者善也……」（有道有用的自然之道是實現之理又是存在之理，把此看作是氣化之所以然），參照蔡仁厚撰述《宋明理學》，頁 359。

是應該要有形成多樣的存在樣相之表現且蘊藏在歷史、文化中之當爲的法則。

此當爲之法則即成爲文化價値的根據，因此以人之人格的自由和道德、倫理基準之善惡的價値判斷來要求當爲，便是《易大傳·繫辭上》所言「繼之者善也，成之者性」所提示的人之原理，明道解釋此言說：

「生生之謂易，是天之所以爲道也，天只是以生爲道也，繼此生理者卽是善也，善便以一箇元底意思，元者善之長，萬物皆以春意，便是繼之者善也，成之者性也，成卻待佗萬物自成，其性須得。」㉖

這是說，天地是以「生生」來做爲它所以然之道，繼承此生的原理者便是善也，萬物爲天道之所生，天道之生理便流貫於萬物之間，而人又是萬物之一，因此天道貫通人道，繼承天道之所以然之理卽成爲人性之善，反之抗拒天道卽成爲惡。

另一方面明道以水流的性質來比喻「繼之者善」，而有如下之言：

「夫所謂繼之者善也者，猶水流而就下也，皆水也。有流而至海，終無所汙，此何煩人力之爲也；有流而未遠，固已漸濁；有出甚遠，方有所濁，有濁之多者，有濁之少者，清濁雖不同，然不可此濁者不爲水也，如此則人不可

㉖　《二程遺書》卷二上，〈二先生語二上〉。

以不加澄治之功。」[27]

像這樣把人的本性比喻成水，水的本性清澈，隨著水的流動而變爲汚濁，把這個拿來反照人的話，人的本性雖善，但是隨著氣之清濁而流入不善，此必須要有澄治之功，因此就水而言，按照其本來而維持水本身之清，就人而言，也照原來而保存其本性之善，卽謂「繼之者善也」[28]。

無論如何，用連結一陰一陽之所以的道，卽理，來言人性之爲善，則這種善的價値概念單單放在自然世界是無法成立，而是從與人的關聯面中才可以作價値論的考察。

卽「從外於人的一面把一陰一陽之世界看作是自然科學的對象的話，則沒有價値，但是若回到人的那面來看的話，則可成爲有價値之人類學，顯示出當爲及應當爲的當然之理，易繫辭之『仁者見之謂之仁，知者見之謂之智』之言，率直地顯示此事，卽仁者從人之一方來看天地萬物的生生而謂之仁，知者從自然之一方來看而謂之智」[29]。

朱子著眼於此而把他所謂的理看成存在之理與當然之理兩面，朱子在〈大學或問〉中說道「天下之物，則必有所以然之故，與其所當然之則，所謂理也」[30]。在補亡章言「身心性情之德，人倫日常之用，以至天地鬼神之變，鳥獸草木之宜，自其一物之

---

[27] 《二程遺書》，卷一。
[28] 勞思光，《中國哲學史（三上）》（臺灣三民書局印行，民國 70 年），頁 40。
[29] 裵宗鎬，《韓國儒學之課題與展開（Ⅰ）》（汎學圖書，1979），頁 118-119（韓文文獻）。
[30] 《朱子語類》，卷十七，〈大學四，或問〉。

中，莫不有以見其所當然而不容已，與其所以然而不可易者」，更進一步說道：

> 「夫天下之事，莫不有理。爲君臣者，有君臣之理；爲父子者，父子之理；爲夫婦，爲兄弟，爲朋友，以至於出入起居應事接物之際，亦莫不各有理焉。有以窮之，則自君臣之大，以至事物之微，莫不知其所以然與其所當然。」㉛

由此看來他一方面把所當然和所以然同樣地稱之爲理，一方面把所以然當成自然的法則，著重於其不可改變之一面，而把所當然放在價値論上，來談人所應遵守的道理，卽當爲。

此係，「根據存在之理來規定當爲之理」，朱子把理說明爲所以然及所當然兩種，而所謂所以然的存在之理是必然的自然，所當然是自由的規範，相當於當爲之理㉜。像這樣理不只是以自然、必然的存在法則而存在之物，且是在我們人類之中也教我們當爲的法則，是人達成與天人合一卽所謂天合一之世界的媒介。實踐人所接受之當爲，則人可達到更善之境界，進而直接參與天地萬物的育成。

在宇宙中的理與氣，相當於在人心中之性與情，而且性卽理、情卽氣，理是自然世界之必然的原理，而在人事之中則成爲當爲之規範，人之當爲是根據宇宙自然之所以然之理，因此按照

㉛ 同㉚。

㉜ 裵宗鎬，上揭書，頁 114。

當爲之規範的根據來看，由自（人）與存在（自然）如何合一的問題便是重要之事，此即被認爲是性理哲學的天人合一思想而成爲存在與實踐的基本課題。

到現在爲止我們已經管窺了程朱的理氣論，特別是看到了在性理學方面集大成之朱子理氣論的中心。

朱子的理氣之中，視理是無情意、無計度、無造作，是淨潔空濶底世界，是氣之所以然，而氣則以凝結聚散的運作成爲萬物形成的實質材料。

關於理氣的關係，其言理氣之不可離與不雜性，一方面說是渾淪無間不可分開，一方面又說是決是二物，在理氣的先後中，邏輯上是理在氣先，如此似乎與理氣的不可離性背道而馳，然而不論如何朱子把理看成是無情意之無形無爲的形而上者，把氣看成是有形有爲的形而下者，而且主張理是氣之陰陽動靜的所以然，由此確立了朱子之理氣二元論的體系。

栗谷使程朱的這種理氣概念更爲成熟，透過自已獨特的見解來補足他們未闡述之點，尤其是在韓國透過突破花潭與退溪的論點，從新的角度來發展程朱的性理哲學。

二、突破花潭與退溪的解釋

1. 太極論的突破

衆所週知，太極兩字是出於《易・繫辭》，即「易有太極，是生兩儀」㉝中首度出現太極之言，隨著如何解釋太極二字和如何定立其與陰陽的關係，便有了性理學各種差異的主張。若陰陽

㉝　《易・繫辭上》，十二章，「是故易有太極，是生兩儀，兩儀生四象，四象生八卦，八卦定吉凶，吉凶生大業」中出現之語。

從太極而生——卽太極與陰陽是生者與被生者之關係，或能產者與所產者的關係——太極成爲先，陰陽是太極之所產而成爲後，如此，太極做爲能產者也是一「有者」，那麼，不能沒有已存在的「有者」，「有者」旣隨其存在而具有生滅變化的屬性，做爲「有者」的太極也因而不能超越生滅，這就表示了太極不能說是宇宙的根本，若不再找出其他的根本則無法解釋這宇宙根源的問題，因爲變化無常的宇宙原理應是某種不受變化之物。如是，有了這種難題，如何解釋太極便成爲重要的課題。

把這一點看得很明晰的栗谷，對於太極與陰陽之關係主張如下:

「聖賢之說，果有未盡處，以但言太極生兩儀，而不言陰陽本有，非有始生故也。」㉞

栗谷說到太極之時引用《易・繫傳》的「是故易有太極，是生兩儀」，此時若只看太極生兩儀（陰陽）的字面義，很容易理解成好像陰陽是由太極產生之物，但是陰陽非從太極而生，陰陽是本有之物。

栗谷又言:

「未嘗有不動不靜之時，一動一靜一陰一陽而理無不在，故聖賢極本窮原之論。不過以太極爲陰陽之本，而其實本無陰陽未生、太極獨立之時也。」㉟

㉞ 《栗谷全書》（成均館大學校，大東文化院，1971年），卷九書一，〈答朴和叔〉，頁 184。

因爲太極和陰陽像這樣本來就在一起，所以可說是無陰陽太極便無法單獨存在。

有太極的話，陰陽也旣在，有陰陽的話，其中總也有太極的存在，因此太極和陰陽不是互相獨立而單獨存在之物，而是連結在一起不可分離。因此對於主張有陰陽之前卽有獨立之太極的學者，或是無所謂太極只有陰陽的學者，他做了如下的批判：

「是故緣文生解者，曰氣之未生也，只有理而已，此固一病也；又有種議論曰太虛澹一清虛，乃生陰陽，此亦落於一邊，不知陰陽之本有也，亦一病也。」㊱

這裏的理是指太極而言。

因此在陰陽之前太極卽獨立存在與陰陽是出於太虛的湛一清虛之氣的兩種見解均偏於一邊且都是一種缺陷，然則太極與陰陽究竟從何而出呢？關於這點栗谷並未確立「陰陽未分」時的問題，因旣陰陽爲本有，所以無法認定未生時的某物，太極亦同。栗谷言：

「大抵陰陽兩端，循環不已，本無其始，陰盡則陽生，陽盡則陰生，一陰一陽而太極無不在焉，此太極所以爲萬化之樞紐，萬品之根柢也。今若曰澹一寂然之氣，乃生陰

㉟ 同㉞。〈答朴和叔〉。

㊱ 同㉞。此爲答朴和叔（1523～1589）之文，朴和叔爲徐花潭（1486～1546）的弟子，因此受到花潭氣一元論的影響而視宇宙之存在是從澹一淸虛之氣的太虛產生，執此點而質問栗谷。

陽，則陰陽有始，也有始則有終矣，然則陰陽之機其息也久矣，其可乎？且澹一之氣，是陰陽耶？」㊲

陰陽因是循環不已，所以無本來開端，因此萬一陰陽從湛一之氣而生的話，那麼陰陽便有其開端，如有開端卽會有結束，意謂陰陽一開端便已經預設了結束，這樣，湛一之氣能成爲陰陽的根源嗎？反而因太極流貫於一陰一陽中無所不在，所以可成爲萬化的樞紐和萬品的根柢，於是栗谷把太極和陰陽之關係綜言如下:「於陰陽變易之中，有太極之理」㊳，太極卽在陰陽變易之中而爲變易之理，因此太極之理乃是與陰陽同在，而不是從陰陽之外部來變易陰陽的原理。回顧漢唐的注疏學者把《易傳》之太極解釋成氣，如十三經注疏中對太極之疏，把太極看作元氣、太初、太一，其言如下:

「正義曰太極，謂天之未分之前，元氣混而爲一，卽是太初太一也。故老子云，道生一，卽此太極是也，又謂混元旣分，卽有天地；故太極生兩儀，卽老子云一生二也……」㊴

把太極視爲氣，而此元氣就像道一生二，二生三一樣，由太一生出兩儀，與此一樣，朴和叔（花潭的弟子1523～1589）主張

㊲ 同㉞。〈答朴和叔〉。
㊳ 《栗谷全書》，〈語錄上〉。
㊴ 十三經注疏，對周易是故有太極是生兩儀之疏。

視太極爲太一太初，而宇宙之根源爲氣，所以有（獨立的）陰陽存在向問栗谷提出質疑。

但是栗谷所謂太極並不是在陰陽未分時已存，而且所謂陰陽也並不是以陰爲始初，陰陽旣是本有亦是循環不已，無所謂始，太極是陰陽變易之理，在此栗谷視太極爲萬化萬品的樞紐與根柢。可知，栗谷否定了在陰陽存在之前的宇宙初始有太虛澹一之氣，而以一陰一陽的現象界爲基準，主張陰陽爲本有並且無始無終。

栗谷再言：

> 「且太極爲陰陽之根柢，而或陰或陽兩在不測，故曰神無方而易無體，今若曰陰氣爲陰陽之根柢，則是神有方而易有體矣，尤不可也。」㊵

栗谷認爲或可說有一澹一虛明之氣，然而，一旦受氣所限若不是陰就是陽，不可說是另有非陰非陽之氣來另外管理陰陽㊶，因此澹一虛明之氣是無法成爲氣之始的，是因爲若說澹一虛明之氣之始爲陰的話，那麼陰以前有陽，若說此氣之始爲陽的話，那在此之前就應有陰。可見陰陽無始、循環不已，澹一虛明之氣也隨而變化。然則陰陽之始爲何物呢？栗谷並不認爲有陰陽未分的初始時，雖他視太極爲陰陽的根本，但它並不是在陰陽未分時產

㊵ 《栗谷全書》，卷九書一，〈答朴和叔〉，頁 184。

㊶ 《栗谷全書》，卷九書一，〈答朴和叔〉，頁 183。「臺教所謂澹一虛明之氣，是陰耶陽耶？若是陰則陰前又是陽，若是陽則陽前又是陰，安得爲氣之始乎！若曰別有非陰非陽之氣，管夫陰陽，則如此……（略語）。」

生陰陽的某物，即不是能動能產東西之物。他只形容太極本身的作用神妙而不可探測（神無方）、易變而無形體可尋（易無體），只存在於陰陽的變易中，並在陰陽不息的運行中顯示自己，因此太極是形而上之理。栗谷的太極觀不傾向於形而下之氣的一方，也不傾向於太極爲離陰陽之理的一方。

在這種太極觀下，他認爲若照字面意義來解釋周子（周敦頤，1017～1073）之〈太極圖說〉的「太極動而生陽，靜而生陰」這句話，說太極之動靜而陰陽生，那麼，陰陽因有始而有終，則無法說陰陽是無始無終無外的，如此，這種字面解釋有誤，他的話如下：

> 「周子曰太極動而生陽，靜而生陰，此二句豈有病之言乎？若誤見，則必以爲陰陽本無，而太極在陰陽之先，太極動然後陽乃生，太極靜然後陰乃生也，如是觀之，大失本意，而以句語釋之，則順而不礙。」㊷

他對「生」字之解釋爲何呢？栗谷不把「生」字看成是生成論之「生」字，十三經注疏的「太極生兩儀」的注疏（漢唐的注疏）解釋成道生一，一生二，二生三等，似乎視太極生陰陽，把太極看做氣，作太極生出陰陽之生成論的解釋。

而對於此「生」字之解釋，栗谷脫離了「生成論」的解釋，而以陰陽之樞紐根柢的理來解釋在陰陽中透過陰陽而顯示太極，展開其理氣論體系之中心理想。

對於「生」字朱子似乎並不太關心，並未作明白的解釋，朱

㊷ 《栗谷全書》，卷十書二，頁 206。

子注疏周子之〈太極圖說〉中指出：

「太極之有動靜，是天命之流行也，所謂一陰一陽之謂道。誠者聖人之本，物之終始而命之道也。其動也，誠之通也。繼之者善，萬物之所資以始也，其靜也，誠之復也。（自注：實理內藏）成之者性，萬物各正其性命也。動極而靜，靜極復動，一動一靜，互爲其根，命之所以流行而不已也。（自注：動極而靜四句，乃指陰陽之流行者而言）動而生陽，靜而生陰，分陰分陽，兩儀立焉。分之所以一定而不移也（自注：動而生陽四句，乃指陰陽之定位者而言）。蓋太極者，本然之妙也。（自注：自然之理）動靜者，所乘之機也。（自注：理搭於氣而行）太極形而上之道也……。」㊸

可見未明白地顯示出對「生」字的解釋，但是在集說中指出「太極陰陽，理生氣也，陰陽既生，則太極在其中，理復在氣之內」㊹，卽其言太極生陰陽，理生氣，因陰陽既生，太極則在其中，理亦在氣中，這雖與栗谷之陰陽變易之中，太極之理存於其中之意相同，但栗谷之意似乎較朱子爲明白。朱子對於「生」字的解釋，必須要轉義才能把握其眞義，但栗谷對於「生」字則有更直接的說明，栗谷說：

「動靜之機有以使之也，理氣亦非有先後之言也，第以氣之動靜也，須是理爲根柢。故曰太極動而生陽，靜而生

㊸ 《周子全書》，卷一，頁 6-7。
㊹ 同㊸。

陰，若執此言，所謂太極獨立於陰陽之前，陰陽自無而有，則非所謂陰陽無始也，最宜活看而深玩也。」㊺

如此看來「生」字確實不是「出生義」㊻之「母生子」之義，而是「根柢」義，在栗谷的想法之中太極既是陰陽動靜的根本，太極一方面使陰陽之無始與動靜之無端成為可能，一方面顯示出自己本身實在的存在。雖然太極有神無方，易無體的特徵而非有形之物，其既成為靜陰之樞紐根柢，一方面超越時空，同時在氣的時空之中顯露其本身為非感覺的及非經驗之物。但是太極在陰陽動靜使動靜成為可能的根本原因是，太極之理內在於陰陽動靜中，卻絕非是陰陽動靜的屬性。

栗谷像這樣地視太極為理，同時其觀點是對於「生」字清楚地理解後所得到的。

栗谷反對把太極視為實體，也不認為太極是獨立的存在，他與程朱之性理學通論一樣，視太極為理，而理即同時存在於陰陽、即陰陽動靜之中，為其所以然，所以太極是透過陰陽而顯現自己本身者。栗谷批判花潭派的偏重氣一元論而主張理為萬化萬品的樞紐與根本，而陰陽為本有，並從陰陽循環不已的現象立場來看太極與陰陽之關係，並不認定有陰陽未分時的某種存在，由此可看出其太極和陰陽關係的特點。到此為止我們看了太極與陰

㊺ 《栗谷全書》，卷二十，〈聖學輯要二〉，頁 446。

㊻ 牟宗三教授在其著作《心體與性體》（正中書局印行，中華民國六十八年刊，頁 360-366）中指出：「生」字（1）是解說上之引出義，不是客觀的事實上之出生義（母生子義），（2）解釋成是本體論的妙用義而不是直線的宇宙論的演生義。不論如何，筆者認為從栗谷的立場來看「生」字的話，確實不是直線的「母生子義」。

陽之關係，現在再來探討這種太極與人之間的關係爲何。

栗谷由人心的「至善」與「中」來說明之:

「至善太極之異名，而明德之本體，得之於天，而有本然一定之則者。至善之體乃吾心統體之太極也，見於日用之間，而各有一定之則者；至善之用乃事事物物各具之太極也。」㊼

他把至善之體看作是我們心中的統體太極，把至善之用看作是事事物物各自所具備的太極，這是從吾心對事物之爲體用來說的，而所謂至善之體是說喜怒哀樂尚未表現的「未發之中」（總體中），則至善之用是指事物各自具有的「中」（各具中），它們分別亦有其體用，易有太極之太極乃是總體中的統體，這是從吾心對天道之爲用體來看的，他的說法如下:

「所謂以吾心對事物而言，則吾心爲體，事物爲用者，甚是；但以吾心對天道而言，則天道爲體，吾心爲用矣。總體中也，有體用，各具中也有本用，以易有太極之太極觀之，則吾心之一太極，亦是各具中之統體也，易有太極之太極，乃統體，中之統體也。」㊽

像這樣做爲宇宙之根本道理的太極雖同在我們的心中及事事物物中，但是在統體中也有體用，所以隨著體用之有所不同，其

㊼　《栗谷全書》，卷九書一，頁 187。
㊽　同㊼。

說明之言亦不同。此外，他更以水來比喩各個層次的體用關係：

「易有太極，太極水之本源也（至善與中之所從出）。吾心之一太極，水之在井者也（至善之體卽中之體）。事物之太極，水之分乎器者耳（至善之用卽用之用），若以至善只作器中之水。」㊾

這是太極爲一而其分有不同之故。

人均共有一個根源的太極，但人所見之太極不能視與天之太極相同，雖從天與人共有根源的太極的這點來看是同體的，但天與人其氣之凝結聚散有所不同，因而栗谷說：

「太極在天曰道，在人曰性。元亨利貞，道之流行者也；仁義禮智，性之所具者也。」㊿

又言「至善之體，卽未發之中，天命之性」(51)。

栗谷的太極論的特徵是陰陽爲本有，並非某一時期開始產生之物，在此前提下調和了氣產生之前已有理存在的理一元論以及澹一清虛的太虛而生陰陽之氣一元論的立場，主張在陰陽無始與動靜無端中有太極的論點。我們已知道把理實體化爲固定不變之物，或視之爲有而且又是陰陽無始與動靜無端之指使者（有使之）的說法是不當的，栗谷的調和兩極論說實具有莫大的意義。

㊾ 同㊼。
㊿ 同㊼。
(51) 《栗谷全書》，卷九書一，〈答成浩原〉，頁 187。

陰陽之動靜並非是受誰指使而成，氣本身卽具動靜，因此太極也非以某種絕對的存在而成爲對象化之物。

我們無法說是太極先有或是陰陽先有，若我們實際地去分析其先後的話，栗谷似乎認爲這是不了解道的本質之舉動。

若我們單只分析栗谷所言的：「於陰陽變易之中有太極之理」的話，太極確實以氣包理的型態而使理包含於氣中，但是尙有其它關於太極之言，如太極是「萬化之樞紐，萬品之根柢」的句子則可看出，因爲太極是氣之動靜的根本，所以反而顯示出太極是陰陽之主宰的性格，因此他的太極論不能被認爲是傾向於主氣或是主理的武斷思考。在映入眼裏所感覺的現象中，陰陽因有動靜，或許把它看作是主宰，但在這種現象的內面，卻有使其成爲如此之理，稱爲太極，並且它是看不見的形而上之道。如此說來，太極不是在陰陽之外，作用於陰陽的某物，因爲氣之動靜而成陰陽，不是太極的動靜之故。栗谷看到陰陽動靜之無始無端與循環不已之一面，而否定陰陽未分時的澹一淸虛之氣，陰陽爲本有而動靜爲陰陽之氣的運行，太極內在於陰陽做爲陰陽動靜之理而混在陰陽之中，並且太極是無定體之理，陰陽之氣隨之而動靜變化，形成、離散爲萬化萬品。但太極仍是根本上的樞紐及根柢，無太極卽無陰陽動靜，無陰陽動靜太極亦無法獨自存在。栗谷終究不假定根源是一個實體，而且從變易之無定體的現象來看，他也否定澹一淸虛之氣是宇宙的根源。他一方面批判氣一元論，也批判太極離陰陽而獨自存在之理一元論，因此陰陽與太極同在，一是動靜者，一是動靜之理，彼此不可分開，成爲不相離之物。但栗谷所批判的並非是無澹一淸虛之氣，而是反對在陰陽未分時做爲陰陽的始源，若陰陽是氣的話，則此氣與理同在，此理則是樞紐、根本。有形象且有一定形跡之物絕對無法成爲宇宙的始源。

栗谷像這樣來展開之太極與陰陽之關係，並且在其理氣論的展開中也以太極論爲根據。他一方面透過程明道所言之「陰陽無始，動靜無端」的邏輯來評論徐花潭的氣一元論，其批判道：

「花潭用功非不深，而但思之過中，反以氣爲陰陽之本，終歸滯於一邊，理氣雜糅無辨，不能妙契聖賢之旨。」[52]

一方面又接受朱子之「造化之樞紐，萬化之品彙」的觀念，把太極稱作陰陽動靜的根本。

由上可知，在太極和陰陽的關係中，他調和了明道與朱子的思想，而成爲他自已的太極論。主張「陰陽變易之中有太極之理」和「陰陽本有」之說，使他的太極論更爲鮮明。

但是因堅持陰陽循環不已說，以現象爲中心來看待陰陽，所以並不設定有陰陽未分時澹一清虛之氣的存在，因此在他的理通氣局中其主張氣之本然的澹一清虛氣多有不在（即有其侷限性，不能遍在萬物之內），在理通之中否定理一之依著處的氣一、卽氣本然的無所不在，所以理一之理本然的依著處就模糊不清了[53]。

這是栗谷突破、調和花潭之氣一元論及程朱、退溪之主理之太極說的過程中所產生無可避免的侷限。事實上栗谷以理通氣局來否定花潭之一氣長存和澹一清虛之氣的無所不在[54]，然而他以

---

[52] 《栗谷全書》，卷九書一，〈答朴和叔〉，頁 185。
[53] 參考「理通氣局」論。
[54] 同[53]。

元不相離、依著與根柢之關係來把握理與氣，此卽退溪之主理的見解與花潭氣一元論間產生摩擦的地方。氣一元論把氣看成是宇宙的根源，把理看作只是氣之內在的整齊性，而栗谷的理通氣局因爲是在氣的變化性，從而也是侷限性中看理本然之妙，所以退溪和花潭雙方難以調和的難題，將透過栗谷的「理氣之妙」，以更高的次元來克服。

2. 理氣論之突破

栗谷說：

> 「竊謂萬化之本，一陰陽而已，是氣動則爲陽，靜則爲陰，一動一靜氣也，動之靜之者理也。」[55]

無論日月、晝夜相互循環或是風吹雨打折斷樹木，拆毀房子的一切自然現象全部都是按照氣之陰陽變化所發生的事，雖一經成爲陽、成爲陰的本身是氣，但使其如此之所以者是理。

我們看栗谷的進一步說明：

> 「陰靜陽動機自爾也，非有使之者也，陽之動則理乘於動，非理動也；陰之靜則理乘於靜，非理靜也。」[56]

栗谷以現象來看，言萬化之根本爲氣，強調氣的活動性與能動性，因此氣之動靜（卽活動性）非有使之者而是依照氣本身本來的「機自爾」，而所謂理是乘於氣者，它又做爲動靜之所以然，

---

[55] 《栗谷全書》，卷十四，〈天道〉，頁 308。
[56] 上揭書，卷十，〈答成浩原〉，頁 209。

所以其本身則是無活動、非能動的。

但是栗谷所謂的理並不只是這樣，雖然動靜是「機自爾」，但是理不論何時都與氣密不可分，因此言「機自爾」之時除了重視氣的能動性與活動性，還會很容易否定理的實在和理的主宰能力，而栗谷是非常反對這點的，他更在理氣元不相離之中強調理的無所不在。本來所謂「機自爾」(57)之言是花潭的獨創之語，所以栗谷之氣論被認爲是受到花潭之影響，但實際上與花潭之氣一元論有很大的差異。

栗谷借用花潭的「機自爾」稱陰陽之動靜爲「非有使之」，且否定理的活動性與能動性，但仍不是氣一元論者，他雖以氣之活動性與能動性而把萬化之質料說成氣，但在此氣中，與太極論所看到的一樣，必有萬化之樞紐與萬品之根柢的太極之理。就所產生的事實來看，雖是氣之凝結聚散，但其氣之所以然之理旣與氣同在，因而可知理實爲樞紐與根柢。

又雖栗谷與花潭皆言理，但栗谷之理與花潭之理及其內容之所指卻是不同。花潭言:

>「氣之湛一清虛者卽無其始，又無其終，以理氣以極妙座……」(58)

雖花潭以理氣之妙來主張兩者的不相離，但是栗谷仍反對湛一清虛之氣是無始無終、無物不在的。

---

(57)　《花潭集》，卷二，〈原氣論〉：「倏爾躍忽爾闢，孰使之乎？自能爾也，亦不得不爾，是謂理之時，一不能無動靜無闔闢，其何故哉？機自爾也。」

(58)　《花潭集》，卷二，〈鬼神死生論〉。

栗谷評論花潭說：

「以爲湛一清虛之氣無物不在……而殊不知向上更有理通氣局一節，繼善成性之理，則無物不在，而湛一清虛之氣則多有不在者也。」[59]

此顯示出花潭與栗谷之根本差異點，栗谷否定了湛一淸虛之氣的普遍性與永遠不可變性，花潭則主張氣的永遠性與普遍性，卻忽視氣的差別性與侷限性而言一氣長存。反之，栗谷特別注重氣的侷限性，並且栗谷根本上視理氣爲不可離，而花潭雖也言理氣之不可離，但，是指湛一淸虛氣中之理，因此就花潭而言，理不是樞紐、根柢，反而湛一淸虛之氣才是根本，此是花潭成爲氣一元論之原由；而栗谷雖主張理氣之不相離，但卻以理通之理來說明現象界中理之無所不在，而湛一淸虛氣卻多有不在。

如此，可看出花潭之理是內屬於氣之理，而栗谷之理是在理氣不相離之中，有所謂理是形而上，氣是形而下之區別，尤其是栗谷之理爲氣的主宰之理，因爲它是氣之所以然，所以雖是非活動性的，但無理則氣將不存。

像這樣與花潭相異之氣論，可說是栗谷以氣發理乘將其體系化，並在花潭之氣一元論中加上理的理通與氣的侷限之論點，以理通氣局試圖與花潭相調和而建立起來的。由下引栗谷之言：

「大抵，發之者氣也，所以發者理也，非氣則不能發，非

---

[59] 《栗谷全集》，卷十書二，〈答成浩原〉，頁 214-215。

理則無所發。」（自注：發之者之下二十三字聖人復起不易斯言）(60)

可看出，栗谷明確地區分了理氣之機能，一爲「發之者」，一爲「所以發者」，同時強調理氣的元不相離性，甚至於他自信地說此言卽使是聖人復出亦無法予以更改。

雖說，我們很容易因造成萬化之現象的質料是氣，而且陰陽之動靜是機自爾，所以然之理是非活動的、絕對無爲的而把理看成是沒有用之物，不過從栗谷以下之言可知理之機能雖是無活動性，卻是使得氣能够活動之主宰，他說：

「夫理者氣之主宰也，理之所乘也，非理則氣無所根柢，非氣則理無所依著。」(61)

他更進一步的言理、氣之特徵爲：

「理無形也，氣有形也；理無爲也，氣有爲也；無形無爲而爲有形有爲之主者，理也，有形有爲而為無形無爲之器者，氣也。」(62)

像這樣把理氣看作是根柢與依著之關係，而彼此不可分離，且又是主宰與所乘之關係，卽理乘氣而主宰氣。至此我們有必要再稍

(60) 上揭書，卷十，〈答成浩原〉，頁 198。
(61) 上揭書，卷十，〈答成浩原〉，頁 197。
(62) 上揭書，卷十，〈答成浩原〉，頁 208。

加探討所謂「主宰」之意，理是無形無爲，一方面所謂無爲是不做動靜之意，同時也具有不指使之意；另一方面言主宰時卻可包含使役之成分的意思，但，栗谷所謂的「主宰」並不是這樣，他的「主」是使實現之意。理因是超越之物，與氣的性質不同，並不是氣的內在法則[63]。

因爲如果說理是做爲氣之內在法則的形式之理的話，那麼與氣成爲同質同層次，則變成形而下之物。但是栗谷言理是無形無爲，當然是形而上者；氣是有形有爲所以當然是形而下者，因此理並不是內屬於氣的形式之理，這點花潭與栗谷有很大的出入。

花潭說：

> 「氣外無理，理者氣之宰也。所謂宰，非自外來而宰也，指其氣之用事疑不失，所以然之正者，而謂之宰。」[64]

像這樣花潭之理並不視理爲獨立之實在，而是內屬於氣之氣一元論，但是栗谷卻視理爲在理氣不相離的範圍內的並不依附於氣而有某種程度的獨立實在性。

栗谷之理氣不相離的立場在其言及太極及陰陽時已明白地說太極是理，陰陽是氣，又太極之理無不在於陰陽之處，栗谷又說不論所謂的「氣生之前獨有理」或是所謂「太虛是澹一清虛而生陰陽」均有偏於一方之缺點[65]，而在下文他指出理氣是二物而且

---

[63] 蔡茂松，《退栗性理學之比較研究》（成均館大學校，東洋哲學科），頁 105。

[64] 《花潭集》，卷二，〈理氣說〉。

[65] 參考本文第三章第二節，「突破花潭與退溪的解釋」。

此二物又是一物而彼此密不可分，他說：

「旣非二物，又非一物；非一物，故一而二，非二物，故二而一也。非一物者，何謂也，理氣雖相離不得，而妙合之中，理自理氣自氣不相挾雜，故非一物也。非二物者，何謂也，雖曰理自理氣自氣，而渾淪無間無先後離合，不見其爲二物，故非二物也。是故動靜無端陰陽無始矣，理無始故氣亦無始也。」[66]

可說是視理與氣爲一體兩面，分開來看，則是二物，但如從兩者之渾淪的關係來看又只不過是一物而已。

所謂「一而二，二而一」是指理氣之分析說法與合成說法而言，因此此分析說法與合成說法卽是顯示理之實際過程，理是無形無狀的東西，並且是相對的無活動之物及非現實的思惟對象，又是抽象之物，若想從外部來規定此無形無狀之物而將之現實化、具體化時，在此過程中必須要有氣之作用[67]。

卽理按照此氣用而產生了千態萬象的個別性、差別性，才成爲定主者，且氣無主宰之理的話也不能成得了現象，就這樣，一方面力陳理氣之不相離、不相夾雜，一方面以「氣發而理乘」來分判理氣爲主宰與現象的關係。

栗谷已在太極論中言道，理氣以空間而言雖是彼此不分離，但非合爲一體，而且時間上也無先後。理是條理，卽當然之法

---

[66] 《栗谷全書》，卷十書二，〈答成浩原〉，頁 197。

[67] 李丙燾，《栗谷之生涯與思想》（瑞文文庫），頁 165。（韓文文獻）。

則，可視爲宇宙的根本之體，氣的活動使這個條理具體化，它是形質，可視之爲宇宙本體之用。然退溪雖繼承朱子的不相離與理氣不相雜，但更偏重於不相雜，而極力反對視理氣爲一物，他雖也說理氣是一而二、二而一，但卻意圖以二分來分開理氣，即使這種二分的本來意圖雖在別處[68]，但形式上分爲二物卻是事實，退溪在〈非理氣爲一物辨證說〉中言：

「今按孔子周子明言，陰陽太極所生，若曰理氣本一物，則太極則是兩儀安有能生者乎，曰眞曰精；以其二物，故曰妙合而凝，如其一物寧有妙合而凝者乎？明道曰形而上爲道，形而下爲器。須著如此說器亦道，道亦器。今按若理氣果是一物，孔子何必形而上下分道器，明道何必曰須著如此說乎。」[69]

這話是說如果理氣是本來一物的話，爲何孔子與周子言陰陽從太極而生呢？「太極之眞」與「二五之精」應是二物，不可說是一物，這點與栗谷言理氣是一而二，二而一，視其爲渾淪無間是不同的，由此可知彼此對於理氣的看法上有其根本的差異。這是退溪在認爲絕對不可混同理與氣之概念之意思中，強調其不雜性，也將其分而言之，於是產生了傾向於朱子「理氣決是二物」的結果。並且栗谷只言氣發理乘，退溪卻兼言理發氣隨，他說：

「大抵有理發而氣之隨者，則可主理而言耳，非謂理外於

---

[68] 柳正東，《退溪之哲學思想研究》（成均館大學，1975），頁 58。（韓文文獻）。

[69] 《退溪全書》（二），四十一雜著，〈非理氣爲一物辨證〉，頁 331。

氣，四端是也。有氣發而理乘之者，則可主氣而言耳，非謂氣外於理，七情是也。」(70)

所謂氣發理乘本來是退溪之言，但是栗谷認爲四端是七情之善，且能發之物只是氣而已。相反地，退溪認爲也有理發，主張四端是理發，七情是氣發而成爲互發說，更進一步隨著退溪認爲有理發，於是也具有理尊氣賤的思想。退溪主張：「理貴氣賤，理是無爲，氣是有欲」(71)。此點退溪與栗谷理氣之差異是周知的事實。

理氣元不相離與氣發理乘之理論是栗谷哲學全體系的根本，當栗谷說「發之物氣而已」之時，確實顯示了理氣爲一，但其發之根柢中，恆常是理乘氣，這是「理氣爲二物」，故可在此找到栗谷之一而二、二而一的理氣觀之邏輯上的根據。

栗谷的理氣觀之獨特性，對照其評論整庵、退溪、花潭之中，更可明顯地表現出來。

栗谷言道：

「近觀整庵、退溪、花潭三先生之說，整庵最高，退溪次之，花潭又次之。就中整庵、花潭，多自得之味；退溪多依樣之味（一從朱子之說）。整庵則望見全體而微有未盡瑩者，且不能深信朱子的見其意，而氣質英邁超卓，故言

(70) 《退溪全書》（一），〈答奇明彥〉，頁 419。

(71) 《退溪全書》（一），頁 335。「理貴氣賤，然理無爲以氣有欲，故主於踐理者，養氣在其中，聖賢是也。偏於養氣者，必至於賊性，老莊是也。」

或有過當者，微涉於理氣一物之病，而實非以理氣爲一物也，所見未盡瑩，故言或過差耳。退溪則深信朱子，深求其意，而氣質精詳愼密，用功亦深，其於朱子之意，不可謂不契，其於全體不可謂無見，而若豁然貫通處，則猶有所未至，故見有未瑩言或微差，理氣互發理發氣隨之說，反爲知見之累耳。花潭則聰明過人而厚重不足，其讀書窮理，不拘文字而多用意思。聰明過人，故見之不難，厚重不足，故得少爲足。其於理氣不相離之妙處，瞭然目見非他人讀書依様之比，故便爲至樂，以爲湛一清虛之氣，無物不在，自以爲得千聖不盡傳之妙，而殊不知向上更有理通氣局一節，繼善成性之理，則無物不在；而湛一清虛之氣，則多有不在者也。理無變而氣有變，元氣生生不息，往者過來者續而已。往之氣已無所在，而花潭則以爲一氣長存，往者不過來者不續，此花潭所以有認氣爲理之病也。」[72]

栗谷最爲推崇整庵，認爲他「望見全體」，而且「氣質英邁超卓」，但其太偏重於視理氣爲一物；退溪次於整庵，他深信朱子，「氣質精詳愼密」，但不够豁然貫通，而有理發氣隨的見識之累；而花潭的學說則有「自得之味」，且他「聰明過人而厚重不足」，所以會以爲有澹一淸虛之氣的無物不在，似乎把氣當成理了，這無疑是一個缺點。

我們在這段引文中淸楚地看到栗谷藉由三人的學說來評論他

---

[72] 《栗谷全書》，卷十書二，〈答成浩原〉，頁 214-215。

們的理論風格和爲學個性，當然他是按著自己的理氣觀來進行的。

栗谷雖試圖突破調和兩賢之理氣觀的立場，但他反對退溪的理發，同時借用花潭之「機自爾」的用語，力陳氣之陰陽無始、動靜無端、循環不已，卻因主張氣發理乘被後世泛稱其爲主氣論者。韓國儒學一向分爲主氣和主理兩派，產生了許多矛盾衝突，但也使得學問的討論變得更爲成熟。表面上栗谷好像是主氣的，但事實上從他在存在根源上，主張理氣之不相離，又理是無形無爲，氣是有形有爲的論點來看，他不過是從有形有爲的現象成爲經驗之開端的立場來言氣而已，可見栗谷實際上並不是以氣爲先的氣一元論者，因爲他在言理之時或是言氣之時，均會同言理氣的渾淪無間，尤其認爲無形無爲之理是有形有爲之氣的主宰，顯示了栗谷理氣論的妙處。

比較起來，栗谷對於氣之機能的分析更爲周密一些，所以顯得有些像是主氣論者。其實他對於打破花潭氣一之論的退溪學說較爲稱許，認爲退溪雖「依樣」卻嚴謹而較少失誤，他說道：

> 「惟退溪攻破之說深中其病，可以救後學之誤見也，蓋退溪多依樣之味，故其言拘而謹；花譚多自得之味，故其言樂而放。謹故少失，放故多失，寧爲退溪之依樣不必效花譚之自得也。」[73]

我們可以視栗谷的理氣論爲在「主理」與「主氣」之外的理氣二元論者，而這理對氣之根源性與主宰性和理氣的不相離性，突顯

---

[73] 同[72]。

了一個微妙難言的空間，栗谷稱之爲「理氣之妙」，正像栗谷自己說的「理氣之妙難見亦難說」[74]，乃是理氣論的極至。

接下來，我們將看栗谷獨特的理氣論之另一個特色「理有善惡」說。

3．理有善惡的特色

栗谷云：

> 「程子曰人生氣稟，理有善惡，此曉人深切八字打開處也。」[75]

在儒家的傳統中，理是天理和道，其流行於人之間則爲性，並因性善說乃是其主流，而明道言理中有善惡，是否他認爲性善說無法成立呢？那麼明道之理有善惡之本意爲何呢？我們應該先探討他究竟如何看理，才能了解其眞意。明道在理有善惡中，對理並沒有很明白地下定義，可能會讓人有所誤解，但由他對理之比喻，可以窺知他的眞意。

明道說：

> 「生之謂性，性卽氣，氣卽性，生之謂也。人生氣稟，理有善惡，然不是性中元有此兩物相對而生也。有自幼而善，有自幼而惡，是氣稟有然也（有然，一作自然）。善固性也，然惡亦不可不謂之性也。蓋『生之謂性』、『人生而靜』以上不容說，才說性時，便已不是性也。凡人說

[74] 上揭書，卷十，〈答成浩原〉，頁 204。
[75] 《栗谷全書》，〈卷九書一〉，〈答成浩原〉，頁 194。

性，只是說『繼之者善也』，孟子言人性善是也。夫所謂『繼之者善也』也者，猶水流而就下也，皆水也，有流而至海，終無所汙，此何煩人力之爲也；有流而未遠，固已漸濁，有出而甚遠，方有所濁。有濁之多者，有濁之少者。清濁雖不同，然不可以濁者不爲水也。如此則人不可以不加澄治之功。故用力敏勇則疾清，用力緩怠則遲清；及其清也，則卻只是元初之水也。亦不是將清來換卻濁，亦不是取出濁來置在一隅也。水之清，則性善之謂也。故不是善與惡在性中爲兩物相對，各自出來。此理天命也，順而循之，則道也。循此而修之，各得其分，則教也。自天命以至於教，我無加損焉。此舜有天下而不與焉者也。」[76]

我們在此有必要更具體地探討明道所言氣、氣稟和性的意思，明道言「性卽氣、氣卽性，生之謂也」，這句話中，「氣」字已不是宇宙論中氣化的氣，而是內在於人之間的氣稟，性則在一個個個體中體現出來，而按照氣稟成爲有差別之性，是可說它在氣稟中之性本身的具體實現。性本身因爲一方面是絕對的，它具有持續不斷的創造性，是所謂「於穆不已」[77]的天命，隨著氣化而作具體的活動，在那裏形成個體，按照氣化之清濁厚薄，剛柔緩急形成氣稟，但是在稟受氣中，性本身並不離氣而獨存，它須透過氣而體現自己，明道卽看到此點而指出性本身和氣稟相混合而兩不分離[78]。而所謂「生之謂也」是「生之謂性之謂也」的略稱，這句話明言「有生（命）以後」卽個體形成後的性之稱，並

---

[76] 《二程全書》，卷一，〈二先生語一〉。
[77] 牟宗三，《心體與性體》，第二册，頁 161。
[78] 蔡仁厚撰述，《宋明理學・北宋篇》，頁 311。

且此「生」字中已隱藏了性，這裏性並不是說性本身，而是言性本身與氣稟之混在後的氣稟之性。

如此看來我們可知明道之眞意究竟在何處了。

那麼，性是天理流行於人之間，此性更是與「生之謂性」——卽氣稟——相關聯的性，如此所謂「人生氣稟，理有善惡」中的理，亦是與氣稟相關聯的理，故說理有善惡。栗谷最適切地發揮了明道之本意，他做了如下議論：

「其所謂理者，指其乘氣流行之理，而非指理之本然也。本然之理固純善，而乘氣流行其分萬殊，氣稟有善惡，故理亦有善惡也。」[79]

此中理有善惡之理是流行之理，並不是本然之理卽有善惡，亦卽並非視理本身有善惡，而是視乘氣流行之理有善惡，所謂理本然是第一義的天理和性理之理，是純粹之善的理，而流行之理是第二義的理，受到氣稟而偏雜，且有物情物狀的差異，又是善惡美醜不同之理[80]。

那麼因氣稟中有善惡，所以理也非有善惡不可嗎？他說：

「參差不齊者氣之所爲也。雖曰氣之所爲，而必有理爲之主宰，則其所以參差不齊者，亦是理當如此，非理不如此，而氣獨如此也。」[81]

---

[79] 《栗谷全書》，卷九書一，〈答成浩原〉，頁 194。
[80] 蔡仁厚，《宋明理學・心體與性體義旨述引》，頁 268。
[81] 《栗谷全書》，卷九書二，〈答成浩原〉，頁 197。

氣之流行是按著理氣不相離，受理之所以所主宰，因而不只氣單獨有善惡，勢必乘氣之理亦有善惡，此充分顯露栗谷一貫應用的根柢與依著的理氣關係，連同一而二、二而一的一體兩面之思想。

然則本然之理與流行之理的關係爲何？栗谷言：

「本然者理之一也，流行者分之殊也。捨流行之理，而別求本然之理，固不可；若以理之有善惡者，爲理之本然，則亦不可。理一分殊四字，最宜體究。」(82)

這兒，以理一分殊來解說本然之理與流行之理，進一步引出體用概念，本然之理與流行之理並非不同的東西，而是在體用關係內的同一物，若捨流行之理而求本然之理是不正確的；或視流行之理爲純善，本然之理有善惡亦不正確。栗谷於此抨擊佛家與荀揚說：

「徒知理之一而不知分之殊，則釋氏之以作用爲性，而猖狂自恣是也。徒知分之殊而不知理之一，則荀揚以性爲惡，或以爲善惡混者是也。」(83)

他反對佛氏只主張理一，卽主張理之絕對性，理本身、理本然、理自體爲純善，視現實多樣的所有道德之判斷均爲慈悲、平等無差別的見解；同時又批判只見到現實之多樣的差別世界之善惡的分殊，而不能見理一之世界的荀子和揚雄的誤謬，因此理一

---

(82) 《栗谷全書》，卷九書一，〈答成浩原〉，頁 194。
(83) 上揭書，卷十，頁 212。

分殊應該是調和、「體究」那些極端論的關鍵。所謂體究是親自作適當的體驗和究明之意，即我們應該在內心中體驗相對主觀性的分殊，以顯現絕對客觀性的理一。若只看多樣化的現象之零碎之理，不見其本體，就會有性惡或善惡混的錯誤說法，栗谷甚至認爲孟子只擧出本體而未及於氣，因而不能折服告子。他說:

> 「荀揚徒見零碎之理，各在一物，而不見本體，故有性惡善惡混之說，孟子只舉本體而不及氣之說，故不能折服告子。」[84]

栗谷這裏的說法不僅指出了荀、揚等人錯誤，而且更高明地把理氣論和人性論關聯起來做進一步的展開，這不能不說是他的獨擅勝場之處，尤其是從理一分殊再發展而獨創成其理通氣局說，這我們將放到下一章來考察。

由上可見，理一分殊不僅說明了理氣之關係，更因氣禀中有善惡，所以不能不關聯到性，便同時也說明了性的一面。那麼天地萬物、人的各一其性如何在理一分殊中來說明呢？

> 「夫理一而已矣，本無偏正通塞清濁粹駁之異，而所乘之氣升降飛揚，未嘗止息雜糅參差，是生萬物。而或正或偏或通或塞或清或濁或粹或駁焉，理雖一而旣乘於氣，則其分萬殊。」[85]

---

[84] 上揭書，卷十，〈答成浩原〉，頁 212。
[85] 上揭書，卷十，〈答成浩原〉，頁 197。

氣有偏正、通塞、清濁、粹駁的差異，理則乘氣而升降飛揚、雜糅參差，故形成了天地萬物的各一其性。栗谷主張理本然是純善的，但因氣之參差不齊而有善惡，儘管如此，理仍是無所不在的，不管是清淨或汚穢之處。而清粹之物是善的，故清粹之物之理是近於理本然的。

栗谷云:

「夫理之本然則純善而已，乘氣之際，參差不齊。清淨至貴之物及汚穢至賤之處，理無所不在。而在清淨則理亦清淨，在汚穢則理亦汚穢，若以汚穢者爲非理之本然，則可；遂以爲汚穢之物無理，則不可也。」[86]

這兒強調理本然之純善性，但是理因氣而失去本然，所以氣變的話理亦變，因此我們的性雖是本來純善，但由於氣之運行則有了善惡。進而，天地萬物不管是得氣之正通或偏塞者，都有其定性，即:

「天地得氣之至正至通者，故有定性而無變焉；萬物得氣之偏且塞者，故亦有定性而無變焉。是故天地萬物更無修爲之術，惟人也得氣之正且通者，而清淨粹駁，有萬不同，非若天地之純一矣。但心之爲物，虛靈洞徹，萬理具備，濁者可變而之清，駁者可變而之粹，故修爲之功獨在於人，而修爲之極。」[87]

---

[86] 《栗谷全書》，卷九，〈答成浩原〉，頁 194。
[87] 同[85]。

唯獨人具有虛靈洞澈之心，可變化氣質，這可說因爲理是無爲，氣是有爲的特性所致。因爲氣是可變且有消長，所以變化氣則可變惡爲善，變濁爲清。意謂了氣稟會隨著我們內心的修養而有不同，養善棄惡即在於導致氣的變化，聖人因其氣清粹，所以其行皆善，常人亦可因修養而變濁爲清，成爲聖人。可見，這裏透顯了人之主體性與自由意志。更因心具備萬理，乃將人自禽獸中劃分開，而能够實踐自律的道德行爲。

人本性的被遮蔽或回復都因氣的關係，栗谷說：

> 「本然之性使之蔽者氣也，使之復者亦氣也耶，曰理無爲氣有爲，君言亦然也。」[88]

這種變化氣質論，可說是將明道以比喻所闡述之內容以理氣論來予以理論化、體系化，明道所謂「澄治之功」的理論根據亦顯現於此，同時亦可看到栗谷以理氣之不相離與理氣之一而二、二而一、依著與根柢的架構來一以貫之理一分殊與理有善惡論。

栗谷一方面言理有善惡，另一方面又主張本然之理爲純善，這是他把無法分離而視之本體與現象之理氣不相離的形而上學，以價值論來解釋絕對的道德純善之實質存在和在天理流行中的相對善惡，這在圖謀突破道德的相對性與絕對性方面意義深遠。相對的道德雖會隨著時代而變遷，但是道德之絕對的根源性之純善卻不會改變，而且反而可觀察它在相對的變化中所顯示的本身之絕對性，就這方面來看，栗谷之價值論有很濃的現實感覺，以及

---

[88] 《栗谷全書》，卷三十一，〈語錄〉，頁 231。

近代的傾向。

第二節　獨特的「理通氣局」說

一、「理通」與「氣局」的概念規定

如果我們想追溯栗谷的理通氣局說之淵源的話，可看出是從理一分殊的理氣論 發展而來的。雖然是從理一分殊而 產生的想法，但是栗谷把理一分殊的邏輯可能性，依照其特有而獨特之理氣觀，進一步擴展成理通氣局，甚且補足了理一分殊所含有的邏輯上缺失，再次確證了其理氣論的獨特性。

在我們進入理通氣局說之具體的概念規定之前，我們要先簡單地闡述理一分殊的歷史源流，以及栗谷如何自理的側面和性的側面來作出獨特的解釋，然後進入其理通氣局論內。

理一分殊論在程伊川答門人楊時（龜山）時論及〈西銘〉一文中初現，其內容大致如下:

「〈西銘〉之爲書，推理以存義，擴前聖所未發，與孟子性善養氣之論同功，豈墨氏之比哉!〈西銘〉明理一而分殊，墨氏則二本而無分。（原註：老幼及人理一也，愛無差別等本二也分。）分殊之蔽，私勝而失仁，無分之罪，兼愛而無義。分立而推理一，以止私勝之流，仁之方也。無別而迷兼愛，至於無父之極，義之賊也，子比而同之，過矣。且謂言體而不及用，彼欲使人推而行之，本爲用也，反謂不及，不亦異乎。」[89]

---

[89]　《二程遺書》，卷五，〈伊川文集〉。

這是伊川爲解答龜山所抱持的西銘中是否雜有墨家思想，以及是否〈西銘〉只言體而不及於用的兩個疑問所寫之文。

在此伊川初次使用所謂理一分殊之用語，其後更進一步發展這個理論。朱子繼承伊川，深入地探討這個問題，而後儒們之議論便也紛紛而出。

朱子對理一分殊的說明如下:

「〈西銘〉之書，横渠先生所示人，至爲深切，而伊川先生又以理一分殊者贊之，言雖至約而理卽無餘矣。蓋乾之爲父坤之爲母，所謂理一者也，然乾坤者天下之父母也，父母者一身之父母也，則其分不得不殊矣，故以民爲同胞物爲吾與也。自其天下之父母言之所謂理一者也，然謂之民則非眞以爲吾之同胞(兄弟)，謂之物則非眞以爲吾之同類矣，此其一身之父母者言之，所謂分殊者此。又況其曰同胞、曰吾與、曰宗子、曰家相、曰老、曰幼、曰聖、曰賢、曰顚連而無告，則於其中間又有如是等差之殊哉。但其所謂理一者，貫乎分殊之中，而未始相離耳。此天地自然古今不易之理，而二夫子始發明之。」[90]

朱子舉〈西銘〉之文並且舉實例很眞切、很具體地闡明了理一分殊之意，簡單地重述，卽是，就理的一面看，理是萬物的同一本源，若就實踐之事而言，因有大小之別和親疏之分，必然有著等差的分殊。

---

[90] 《張子全書》（臺灣中華書局印行），卷一，〈西銘總論〉，頁12。

伊川發掘〈西銘〉之思想，在他的答書中，爲解楊時的疑惑，論說仁雖只一，但在仁的實踐中不得不有多樣，他的意思是仁雖是絕對的平等，但實現仁的具體情況是個別的，所以不得不有差別性，這是伊川的根本旨趣。換句話說，他意圖調和理一的理本身之普遍客觀性和其在差別世界中產生的分殊之主觀相對性，於是便得到了理一分殊說。

早在周濂溪對理氣關係的探討中就已顯示了理一分殊的原型，當然周子並未使用所謂「理一分殊」這個詞。周子的〈太極圖說〉中有這樣的意思，即：無極之眞（理），與二五之精（氣），妙合而凝，陰陽二氣交感而化生萬，……，萬物是一個五行，五行是一個陰陽，陰陽是一個太極[91]。太極是陰陽根本之理（理一），而陰陽是五行之根本、是氣，從五行而化生萬物，此顯示了從太極來化生多樣的萬物（分殊）。

朱子把周子的思想做進一步闡發：

> 「自萬物而觀之，則萬物各一其性，而萬物一太極也。蓋合而言之，萬物統體一太極也，分而言之，一物各具一太極也。」[92]

這話意指萬物原從太極而化生，從化生的萬物來看，則萬物，各自具有自身的一太極，若推蔽萬物之根源的話，即合而言之，則爲一統體太極，即一成萬而萬成一。然而太極是理，因此

---

[91] 《周子全書》，卷一，頁 14:「無極之眞，二五之精，妙合而凝，乾道成男，坤道成女，二氣交感，化生萬物，萬物生生而變化無窮焉。」

[92] 《周子遺書》，卷一，頁 15。

理萬，這便是理一分殊說。朱子強調：

「論萬物之一原，則理同而氣異，觀萬物之異體，則氣猶相近，而理絕不同。」[93]

可以說，朱子綜合了周子之太極圖說和張橫渠之太虛說及程伊川之理氣說。

栗谷繼承了這種思想，再把理一分殊說更具體化地以體和用來進一步闡明之，他分別以理的側面和性的側面來切入：

「夫本然者理之一也，流行者分殊之也。」[94]

「一本之理，理之體，萬殊之理，理之用也。」[95]

從理之側面來看是理一之本然的理之體，流行而爲萬殊之理，則是理之用。但是本然之本體與流行之用並非二物，而是處在體用關係中的同一物，即：

「本體之中，流行具焉，流行之中，本體存焉。」[96]

理同時蘊藏普遍的客觀性與主觀的相對性，此即理之兩面性。而流行之理形成萬物，萬物的各一其性便是分殊，因而可由性的側面來解釋，他說：

---

[93] 《朱子大全》，卷第四十六，〈答黃商伯〉。
[94] 《栗谷全書》，卷九書一，〈答成浩原〉，頁 194。
[95] 上揭書，卷十二，〈答安應休〉。
[96] 上揭書，卷十，〈答成浩原〉。

「夫理一而已矣，本無偏正通塞淸濁粹駁之異，而所乘之氣，升降飛揚，未嘗止息，雜糅參差，是生萬物，而或正或偏或通或塞或淸或濁或粹或駁焉。理雖一而旣乘於氣，則其分萬殊，故在天地而爲天地之理，在萬物而爲萬物之理，在吾人而爲吾人之理，然則參差不齊者氣之所爲也。雖曰氣之所爲而必有理爲之主宰，則其所以參差不齊者，亦是理當如此，非理不如此而氣獨如此也。天地人物雖各有其理，而天地之理卽萬物之理，萬物之理卽吾人之理也，此所謂統體一太極也。雖曰一理，而人之性非物之性，犬之性非牛之性，此所謂各一其性者也。」97

理一成爲分殊之物是因爲受理主宰之氣的多樣性的緣故，雖是如此，但現象界之多樣性絕不可離理一。雖然萬物各具其理，並且他們彼此也各具其性，如人之性非物之性，犬之性亦非牛之性，他們各自因爲氣的關係而具有本身之性，然而總是蘊藏理一，所以栗谷說：「天地之理，卽萬物之理……」。另一方面，性在理氣關係中有其獨特地位，它是「理氣之合」，它和理的差異在於：

「性者理氣之合也，蓋理在氣中然後爲性，若不在形質之中，則當謂之理不當謂之性也。」98

理在氣禀的形質中才稱爲性，但栗谷又說性是「理氣之合」，因

97 上揭書，卷十書一〈答成浩原〉，頁 197。
98 上揭書，卷十書二，頁 207。

此性是同時橫跨理一與理分殊的，雖說，性是「理在氣中」的別稱，但栗谷也不固執於只有理一之性，他主張性還有理一之性在氣質中而變成的氣質之性或本性[99]。因此，對栗谷來說，性有兩種類別，一是與天道相容的共同意義之性，一是殊別意義之性，意指各種存在具有的特殊之本性[100]（相當亞里斯多德之 Essence）。

可知栗谷所使用之性，包含了共同義與殊別義二種意義，這正是在「性之側面」上的「理一分殊」。

從這兒我們可以看出，栗谷並不僅僅在「理本然及其流行」這樣抽象，普遍的理之側面來處理「理一分殊」而已，他更從這抽象、普遍的理層次和具體之現實界的個別物如何連結，即性的側面上，來進一步闡述「理一分殊」這理論。

由上可見，在這性之側面上，也該同時標舉理一和分殊，不能光主張理一，也不能光主張分殊，因爲既然在理之本體中加入分殊之流行，而藉著流行便有了理氣合之性，性於是同時兼有理氣，所以不能只主張理一或只主張分殊之性。

栗谷對於主張性只有理一或分殊之一面的極端論者，作了如下慨嘆:

> 「徒想像乎理一兮，若有田而不治……徒拘拘於分殊兮，若不耕而求獲……」[101]

自然世界的所有現象，就依理和氣之根柢與依著的關係，以

---

[99] 參考本書第四章第三節，二、氣質性包本然性。
[100] 勞思光，《中國哲學史（三上）》，頁 208。
[101] 《栗谷全書》，卷一，〈賦・理一分殊賦〉。

理一與分殊的架構來展開，但是理並不是獨自運動而成爲個別者的分殊之性，因爲不論何處都因於氣之升降飛揚而變化將有正偏、通塞、清濁、粹駁之種種差別，所以雖然理只爲一，如乘此氣則分爲萬殊，但成爲萬殊之分殊中，亦不論何時都有理一的存在。所以不能只見到萬殊之現象，而應該要一起考慮理一之主體。總之，在理氣論之構造的理體氣用中，因爲氣之參差不齊，遂成爲理一之分殊。接著，我們正式進入「理通氣局」的討論中。

栗谷如何提出「理通氣局」呢？他說：

「珥今合而爲說耳，理通氣局四字自謂見得，而又恐珥讀書不多，先有此等言，而未之見也。」[102]

這裏隱然地顯露出此爲其獨創的自豪。他的這種說法，意謂了理通氣局之獨特性，同時也顯示出理氣概念的新定位。當然程朱學的理氣體系中，也有依照理一分殊或理氣之不相離、不相雜之性格，而言一而二、二而一，並有理是無爲無形，氣是有爲有形之概念含義，但是栗谷更清析地闡述這個概念，而完成此體系的邏輯架構。並可見到他以理通氣局來定立其獨特的理氣概念。

然則理通氣局究竟爲何指呢？栗谷言：

「理氣元不相離，似是一物，而其所以異者，理無形也，氣有形也，理無爲也，氣有爲也，無形無爲而爲有形有爲

---

[102] 《栗谷全書》，卷十，〈答成浩原〉，頁 208。

之主者，理也，有形有爲而爲無形無爲之器者，氣也。理無形而氣有形，故理通而氣局，理無爲而氣有爲，故氣發而理乘。理通者何謂也？理者無本末也，無先後也，無本末無先後，故未應不是先，已應不是後（程子說），是故乘氣流行，參差不齊而其本然之妙無乎不在。氣之偏則理亦偏，而所偏非理也，氣也；氣之全則理亦全，而所全非理也，氣也；至於清濁粹駁糟粕煨燼糞壤汚穢之中，理無所不在，各爲其性，而其本然之妙，則不害其自若也，此之謂理之通。」[103]

理通氣局是根據理之無形與氣之有形的特性差異來說明，這是說，理是無形、是超感覺的普遍者，理本身因其自身是客觀性的存在（不隨他物而變化本性之意），所以與現象事物一樣無所謂本來或是先後。所謂的理不是由我們可看到、可聽到以及任何感覺的經驗可以把握的，因爲理本身既具純粹的非實體之觀念性之緣故，所以並不具有與現象的氣一樣的存在性，理不論何時均只能在氣之中以氣之實質材料爲素材，來顯現其本身的存在性。

理是無限與恆久不變之存在，萬一有形的話，便受到限制且有其始終，因爲理無始終，所以無所不在，因此乘氣而流行之時，理一方面維持其本身之無限性，不變性，另一方面在氣之中，以氣爲材料，使現象事物得以變化，且顯示出此物之特性、本性，因此現象事物雖因氣之有無而成，但理卻自如且同時氣不論何時都應接受理之主宰，理是氣的原因性、內在性，且透過氣

---

[103] 上揭書，頁 209。

來顯露本身。理絕不是事物，理是在氣之中，透過依於氣之變化的所有事物的特性與本性來顯露自己的「活物」，這是說理成爲所有事物之性。同時當說理無處不有本然之妙時，亦卽言理本身的普遍性，不論氣如何作用都不改變，因此又爲氣化之無限的根據。

實際上這種無限、恆久之觀念性的理，其依附之處非別處，卽是氣，但是氣可偏可全、參差不齊且變化無常，因此從現象之多樣的樣態來看的話，雖可認爲乘氣之理亦隨著現象而具偏全之變化的樣態， 但是實際上， 卽使氣有偏全， 但理本身卻絲毫不變，而其本然之妙無所不在。總之，我們可結論得，理是無形無爲的形而上存在，周徧一切而具有本然之妙的自如之物，一方面乘氣流行，一方面顯現出現象之多樣事物的本性，而且不失其本身的本然之妙，此卽是理通，一些學者認爲理通之通字有「圓融性、活潑性」之意[104]。

所謂氣局意謂爲何呢？

「氣局者， 何謂也， 氣已涉形迹， 故有本末也， 有先後也。氣之本，則湛一淸虛而已，曷嘗有糟粕煨燼糞壤汚穢之氣哉？惟其升降飛揚，未嘗止息，故參差不齊而萬變生焉，於是氣之流行也，有不失其本然者，有失其本然者，旣失其本然則氣之本然者已無所在，偏者偏氣也，非全氣也； 淸者淸氣也， 非濁氣也； 糟粕煨燼， 糟粕煨燼之氣

---

[104] 蔡茂松，《退溪性理學的比較硏究》（成均館大學校大學院，1974），頁 112。

也，非湛一清虛之氣也；非若理之於萬物，本然之妙，無乎不在也，此所謂氣之局也。」[105]

由於氣已涉形迹，所以有本末、有先後，原來氣的根本是湛一清虛，無糟粕、煨盡、糞壤、汚穢之氣，但是氣在升降飛揚參差不齊之中，被分爲清濁粹駁、通與塞，而產生萬變的現象，氣在流行時產生氣作用之偏與全，此偏與全是萬變之現象的根據，所謂「偏」之狀態，並非是氣之湛一淸虛的全氣，因爲其氣已失本然之緣故，淸氣旣是淸氣而非濁氣，濁氣旣是濁氣也非淸氣，這是因爲氣是有形之形態，所以旣是被局限之物，與理是通於萬物之物不同，氣旣隨其本身之升降飛揚而成爲有限性之物，因此氣之本然雖可無所不在，但氣因有失其本然，遂只能是多有不在。

栗谷在此一方面稱氣局是氣之有形有爲，一方面又認定氣之本然是湛一淸虛氣，而以有失與不失之言來否定湛一淸虛氣的無所不在。

栗谷的這種理通氣局說，有機地調和理之觀念性和氣之事實性而顯示出很深之意義，理一方面是氣之運動與變化之根據，一方面其本身並不從事運動與變化，又是超越運動和變化非實質之物，理以泛通性通於所有氣，但氣卻非泛通性而具局限性，所有實質存在都含有理，而且按照此理來發揮氣之質料性，使得存在成爲可能。一方面理本身不變動，另一方面成爲氣變化之原因，理雖顯示被限制於氣的運動中，但這並非是本身之泛通性本體產生變化，只是受到氣的相對限定，得透過氣來顯現自己而已，但

[105] 《栗谷全書》，卷十，〈答成浩原〉，頁 209。

理本身則保持其爲一超然自如之物。

以上是理通氣局的基本義涵，下文我們將進一步探討其理論的內部構造，而這將由和理一分殊說的對比中來展現。

二、「理通氣局」說的內部構造

吾人已知，理通氣局正是由理一分殊發展而來的，因此有必要探討以理氣二元論爲基本構造的理一分殊和栗谷之理通氣局的同異。

在上節中，我們闡述了理一分殊的歷史源流，以及栗谷從理和性的兩個側面對理一分殊所作的獨特性解釋。然而就理之做爲本體，以及萬殊之做爲本體之用，可知理一分殊乃是建立在體用關係上，這乃是指普遍性的理應用或作用到差別性的世界中所產生的關係。因此所謂的理一分殊實際上是理一和理分殊。

這種理一分殊在理與氣的理論中，是傾向於從理方面，而不是氣方面來說明理一與理分殊之體用關係的。但是栗谷的理通氣局合氣用之分殊而具有綜合了理氣之妙與理氣不相離之思想的特性，此是說理以太極的理一，雖爲萬物所共有，但此理一因氣的局限性，所以產生分殊，但是此時之分殊，不是按照理一之分殊而是按照氣之局限性。因此這兒就顯現了微妙的差異，因而我們可以對一方面理本身成爲分殊，一方面分殊中又共有理一的理一分殊說和栗谷的氣局限性而致分殊的理通氣局說做個比較。

栗谷言:

「理通氣局，要自本體上說出，亦不可離了本體，則求流行也，人之性非物之性者，氣之局也，人之理卽物之理者，理之通也，方圓之器不同，而器中之水一也。大小之瓶不同，而瓶中之空一也。氣之一本者，理之通故也；理之萬殊者，氣之局故也。本體之中，流行具焉，流行之中，本體存焉，由是推之，理通氣局之說果落一邊乎。」[106]

栗谷站在理氣元不相離以及根柢依著的關係上來解釋理通氣局，他於是提出了「氣一本」的概念。所謂「氣一本」非是別物，而是本然之氣，卽湛一淸虛之氣，且所謂理通是指理一及理本然之理，但是在理氣之根柢與依著關係中，理一之本然之理的依著處是氣之一本的本然之氣，且氣之一本的根柢是理通之理一，卽是本然之理。

有形有爲之氣有其局限性，相反的，無形無爲之理不受氣之局限性的影響，其本身自如地維持本然之妙，然而理一成爲分殊並非理一獨自之自己分化，而是因氣之局限性之故，所以理之分殊，乃在理與氣的關係中，因氣之局限性及氣之有爲而造成的，並且此氣因是「機自爾」、「非有使之」，所以只能看作是氣之分殊；但氣有其偏全，則縱使本來之理無偏全，因爲氣之偏全的緣故，理也跟著產生偏全，而使得理通氣局說中理的主宰性變得較薄弱，反突顯出氣之活動性與有爲性，此可說是「理之萬殊，因氣之局，卽氣之分殊而完成，因此可以說並非是理一之『分殊分化』」[107]。

在栗谷之理與氣的關係理論中，爲了有理一則必須要有氣一

---

[106] 《栗谷全書》，卷十，〈答成浩原〉，頁 216。
[107] 裵宗鎬，《韓國儒學之課題與展開（Ⅱ）》，頁 82。（韓文文獻）。

的氣之一本，才能成立依著與根柢的關係，但此時即使是無形無爲之理被分化，沒有有形有爲之氣的話，則亦無法單獨分殊化；氣亦相同，氣之局限性不能只視作是氣本身之性質，因爲雖然有爲本身已含有局限性，但氣不能獨自發揮其活動性與局限性。既然理氣不相離，是根柢與依著的本有關係，在氣之有爲中，應有理之做爲所以，而理既是所有氣變化的所以，因此氣分殊如無理之所以也不能完成。

事實上，栗谷之理通氣局說應以氣一分殊爲前題，才可以一貫其理氣體系，但是在理一分殊中，理一與分殊是由於體用關係來立說，而在栗谷的理通氣局中，氣一與氣局（分殊）之體用關係並不成立，因爲想成爲氣一分殊的話，則氣一的本然之氣必須貫通固存於氣分殊中，然因氣之局限性，本然之氣也不是無所不在的，這就使得本然之氣無法做爲本體，所以氣之體用並不能成立[108]。因此理通氣局無法同時稱之爲「理通氣一分殊」。

栗谷之理通氣局，雖從理一分殊而產生思考，但也顯示出其新的獨創性。在理一分殊說中，較不重視理與氣之關係而較重視理本身的體用，但是在存在的解釋中，如果只標舉理一分殊的話，則容易造成觀念性的優勢。因此栗谷被認爲企圖調和純粹觀念性與特殊的事實性，而發展了理通氣局，加強解釋以具體性而存在的個別之存在者的一面，總之，栗谷面對的特殊問題，在於：有限的個別者之事實性，與無限的超經驗者，做爲氣之主宰的理之觀念性，如何締結成一有機構造，以及如何調和二者的關係。針對這問題的思索，便有了理通氣局論的誕生。

---

[108] 裵宗鎬，《韓國儒學史》（延世大學校出版部，1978年刊），頁113。（韓文文獻）。

讓我們再進一步探討理通氣局的理氣特性，以及它的主旨所在。理是超越的、超感覺的無限者，但栗谷不把理看作是獨立之超越者、唯一者，此理既與氣一起渾融無間，是本有且恆不可分。

事實上理通氣局中之重點是在於理氣元不相離，卽本來之理一與氣一是渾融無間而不相離，並且因理與氣的互相結合，而產生現象界之萬物。這萬物之理雖是同一，但「犬」非「牛」之性的特殊性之個體多樣性，卻因氣的局限性而被形成。但是這種氣的局限性，並非單只由氣本身來決定，根據氣存理在同時同所中渾融無間，氣的局限性中也必有理之所以存在著，因而如果視理通氣局中理與氣有時間的先後，或是說其關係有分離的情形，都有隔斷[109]理氣之憂慮，或者，單只強調理通的一面或只主張氣局的一面，都會出現兩個相反對立的理論。

而事實上，栗谷發展理通氣局論的最大用意，正在於同時重視理氣而不偏於任何一方，我們可視他的工作爲試圖綜合理氣二元論、唯理論和氣一元論的集大成者。

讓我們再回到太極論的地方，栗谷曾說：

> 「太極動而生陽，余曰此是樞紐根柢之說，非謂陰陽自無而生也。」[110]

這兒，他反對陰陽從太極或是從無而生，這是從宇宙根源的探論中，來導出陰陽從理而產生或從氣而產生之主張均是偏於一邊，

---

[109] 裵宗鎬，《韓國儒學的課題與展開（Ⅱ）》，頁 82（韓文文獻）。
[110] 《栗谷全書》，卷十，〈答成浩原〉，頁 215。

他對於理先氣後或是氣先理後之主張均不滿意，他認爲：「理氣本合也，非有始合之時」[31]，這些論點，我們已在前文展示了。因此，理氣本是渾融無間的，但由於兩者的情實不同，所以他說理是有形有爲之主，氣是無形無爲之器。

因此理通氣局說與理一分殊說的不同點在於理一分殊中一理成爲萬殊之分殊理，而理通氣局就只能說是理一氣殊，可知栗谷不作理一分殊之唯理論的解釋，也不是氣一分殊的氣一元論者，他試圖突破兩種思想之片面性而產生理通氣局論。

栗谷曾提出氣一本的概念，由此看來他可能也知道所謂的氣一分殊，但氣一分殊欲成立的話，必須要認定氣的絕對性與本然之氣的恆久性，如此他的氣之有爲局限性將爲之崩潰，因此必須回到所謂的一氣長存的思想，如此則太極成爲太虛，成爲太一之氣，同時理也降爲是氣的內在的法則，但栗谷主張太極與陰陽本有，而言太極即理，是陰陽之樞紐、根本，這就顯示了栗谷的「理」仍有其超越性之一面，因而他不會接受氣一元論的思想。

綜上所論，可見他之理通氣局的思想，再次顯示出他試圖要綜合退溪與花潭之理論，栗谷這種理氣論的綜合與調和之嘗試，卻又使其後學當中，出現了從唯理立場來堅持理一分殊的奇蘆沙和提倡氣一分殊的任鹿門（1711-1788），他們分別在各自觀點上來看待栗谷的理通氣局，而產生了新的爭議。

三、「理通氣局」說之爭執

栗谷的理論置理通所依著處之氣本然的湛然清虛之氣多有不

---

[31] 上揭書，頁 207，〈理氣詠，答牛溪道兄〉。

在，而否定其恆久性，他只主張元氣之生生不息，此雖是由反駁花潭之氣一元論發展而來的。但若氣本然多有不在，則它如何能是無所不在的理本然的理一之依著？這便產生了一個邏輯上的難題。

蘆沙和鹿門都看到了這個難題，為了克服之，他們分別進行了深入的探討研究，從而也樹立了自己獨特的學說，這可說是韓國儒之獨特性的進一步延伸，當然這是立足於栗谷的成就上的。這個問題，首先要追溯到栗谷對花潭氣一元論的批判來看。

栗谷說：

> 「以為湛一清虛之氣，無物不在，自以為得千聖不盡傳之妙。而殊不知，向上更有理通氣局一節，繼善成性之理，則無物不在，而湛一清虛之氣多有不在也。」[112]

所謂花潭的氣一元論，主張氣本然的湛一清虛之氣是無所不在的，是宇宙的根本，具有恆久及無限性。栗谷卻認為，湛一清虛之氣並非是所有萬物共有的，它不在的地方很多（多有不在）。只有理才能通遍一切萬物，並具不變性。

但是栗谷並非一開始就否定有氣本然的湛一清虛之氣，氣之本性雖是湛一清虛，但氣因隨著本身屬性的升降飛揚變化成多樣的樣相，所以也可能失去其本然，或是仍具有其本然，即他所說的氣局。現在，「理通」和「氣局」的關係可用下列一段話表現出來：「氣之一本者，理之通故也，理之萬殊者，氣之局故也」[113]。

[112] 上揭書，頁 214-215。
[113] 見註[108]。

這是說，理通是由於氣一本的本然之氣，卽湛一清虛之氣應該無所不在地內在於所有事物中，但既然氣會失去其本然，理通所依恃的本然之氣產生變化，則理本然之理一的依著處不就失去著落了嗎？再從理的無所不在，氣卻多有不在來看，理必須遍及一切，氣卻有不及之處，栗谷又強調理氣元不相離，則氣所不在處，理不就和氣有所分離了嗎？這便有一個邏輯難題的產生。

這個難題來自於任鹿門的氣一分殊論，因此，我們應先看看他的說法。鹿門反對按照栗谷的理通氣局而把理一分殊看作是理同氣異，他說：

「今人每以理一分殊認作理同氣異，殊不知理之一卽氣之一，而二見焉。苟非氣之一，縱何而知其理之必一乎。」[114]

鹿門把理一分殊的根柢置於氣一分殊，換句話說，理一是以氣一，理分殊是以氣分殊爲根底的。

鹿門又言栗谷主張湛一清虛氣多有不在，是否認一元氣的廣擴性和普遍性，他進一步申論如下：

「栗谷先生，於理氣源頭深造獨得見得極明透，說得極玲瓏，朱子以後殆未有臻斯理者也，獨於氣之本一處，猶或有未盡瑩者，其曰理之源一而已，又以道心爲本然氣者，亦不可謂不講究到以，而及於理通氣局之論，專以氣歸之萬殊，又以爲湛一清虛之氣，多有不在，究其歸終，未免於二物之疑。」[115]

---

[114] 《鹿門集》，卷十九，〈雜著，鹿盧雜識〉。

在鹿門看來，栗谷主張陰陽動靜在於氣，理是無爲、無動靜，由於把萬殊歸之於只是氣之作用，而忽視理一所依者的氣一，不免有把理、氣視爲不同東西之意味，因而無法擺脫理、氣二元觀的質疑。

結果在鹿門的理解下，栗谷的理通氣局思想必須以唯氣論之氣一分殊來認定湛一清虛之氣的恆存性，但栗谷的理通氣局並非如此，他不是不知氣一分殊，而是他在理氣不即不離的立場上，強調了「理一分殊」中氣的不可或缺，但也有其局限所在，這正是栗谷的獨特性。

但是栗谷因否定湛一清虛之氣的無所不在，而使得理通之依著有了不完全之處，但是從栗谷其他的說法來看，無法確定他是否用主張元氣之生生不息來認定氣的某種潛勢力（雖非湛一清虛之氣），而將其當作理通的無所不在之依著處。因爲他說:

「或問天地雖終，而元氣則未嘗息何也？振綱答曰，天地終窮之時，元氣亦從而消盡，則後天地之氣根於何氣而出也，譬如木葉雖爲枯落而根本之氣猶存，故能生來春之葉矣，曰然。則天地之氣與元氣不相合耶？曰天地之氣寓於元氣中矣，木之枝葉有離其根本而獨生者乎，先生曰是也。」[116]

無疑地他把氣內之潛勢的固存性的某一種力量認定是氣之變化性的根源。此即被認爲是「氣之一本，理之通故也」這句話的眞

[115] 同[114]。
[116] 《栗谷全書》，卷三十一，〈語錄〉，頁 241-242。

意。

無論如何栗谷之理通氣局是從想突破主理與主氣而產生之思想，但這兩個差異極大的思想之綜合，從主氣之一方來看的話是主理，從主理之一方來看的話是主氣，所以成爲主氣主理之一元的思想家批判的對象。鹿門之言：

「理一分殊者，主理而言，分字亦當屬理，若主氣而言，則曰氣一分殊，亦不可矣。」(117)

便是一個很明顯的代表。

接著，我們來看自唯理論的立場來解釋理通氣局者，即固守理一分殊的奇蘆沙之主張。蘆沙嚴厲地指責栗谷的理通氣局爲：

「做得甚事有之無所補，無之靡所闕，不過爲子附肉之疣，隨驥之蠅。」(118)

這當然是稍爲過份之言。蘆沙批評栗谷在理通氣局中，把氣視爲「機自爾」且其本身有偏全，並只說此理是乘氣之物，把理之主宰性看得太稀微，但是這不過是觀點的差異罷了。

此外，奇蘆沙尙反對鹿門在理氣論中，把理解釋成氣之自然當然的「然」字而把理包羅在氣中。蘆沙反而把氣融攝在理之中，稱氣爲理中事及「理流行手腳」，使用所謂「可及的理分」

---

(117) 同(113)。

(118) 《蘆沙集》，卷十二，〈猥筆〉。

之用語來說明理氣[119]：

「詳諸家之意，一是皆以理爲無分之物，分爲因氣而有，限理一於離形氣地，局分殊於隨形氣之後，於是理自理、分自分，而性命橫決矣。」[120]

他認爲各家大抵把理視爲「無分之物」，分殊只是因氣之故，這便隔斷了理和氣，理、氣也變成不同的二物。蘆沙主張在理一中已統括了分殊，他說：

「分也者，理一中細條理，理分不容有層節，分非理之對，分殊淳乃對一者也。理函萬殊故曰一，猶言其實一物也。殊非眞殊，故曰分殊，言所殊者，特其分限耳。一句兩語，相須爲義，急一箋不得，故說理一時，可知分之涵，說分殊時，正見一之自在。」[121]

這是說，在理一之中蘊涵了氣分殊，因此理一之理與分殊之氣，彼此絕非隔斷之物，氣因理涵萬殊而在理一之中，蓋蘆沙把理視爲包括了氣，而認定理之「主宰」與「使之」之能力，把氣降爲只是按照理之主宰和使之而動靜之物，於是他認爲這能在栗谷之理通氣局中，使理之稀微的主宰能力復活，他也認定了理之有爲的使之之能。

於是栗谷之理通氣局，被任鹿門從唯氣論一面處理成氣一分

---

[119] 裵宗鎬，《韓國儒學的課題與展開》，頁 201。
[120] 《蘆沙集》，卷十二，〈雜著，納涼私議〉。
[121] 同[120]。

殊，被奇蘆沙從唯理的一面而處理成理一分殊。

由上討論，我們可以看到韓國儒學的歷史面貌，由退溪和花潭的分執主理、主氣，而產生了栗谷的綜合，再到約 200 年後的蘆沙和鹿門又走回唯理、唯氣之傾向，這種發展使得韓國儒學所面臨的課題與探討更爲精緻、細密而完整。而栗谷在這裏具有承先啟後的樞紐地位。同時，他的理論也未因後學之批評而失去光采，反而栗谷的洞見依舊凌駕在他們之上，蘆沙和鹿門所謂的難題，其實可以用栗谷提示的「理氣之妙」來加以說明而克服的。

第三節　理氣之妙

一、「理氣之妙」的內涵

理氣之妙是栗谷理氣論的終極點，他視形而上者之無形無爲的理與形而下者之有形有爲的氣一方面存在著渾融無間之關係，一方面發揮其各自之機能而存在著。宇宙的森羅萬象，莫不是理氣的造化。自然世界由有形有爲的氣化來完成，但是氣之主宰，不論何時都是以理乘氣來顯示其存在，像自然之氣化理乘一樣，人亦相同，人之心也可說是氣化理乘(參照本書第四章、第二節、「氣發理乘一途說」的部分)，然則到底這樣之理與氣因何種關係才會如此呢？如何作無形無爲之理才會成爲有形有爲之主，有形有爲之氣才成爲無形無爲之器呢？我們是以觀念的用語來解釋實在的世界，即使再怎麼偉大的體系，也不能不透過言語來說明。而語言因有其窮，無法完整地說明現實世界的多樣性與無限性，到現在所說的並不是其本身，而只不過是言語的說明罷了，因而我們的要求是透過觀念與事實之一致來認識眞理。

在理氣論中，觀念之物是理，事實之物是氣，因此理氣之一致，其重要性不在於言語上的一致，而是在於眞理上的一致，我們的思考經由有形的形象作一次元的展開，但是在形象的背面。有主宰形象之物，即無形之理，但是並不是說理與氣有時間上的先後，一方面說理氣不相離，一方面也不是一個純粹的「一」之意，而是一而二，二而一之物，在此我們的思考便將察覺到其邏輯的界限，不管是同一律或是矛盾律，邏輯要求的是一是一，二是二，則理氣論的邏輯必須是一種超越形式邏輯之認識邏輯，而在理氣論上所謂的體驗，也當作爲是消融這問題的極點。

在理氣的問題中，所遇到這種界限，即是次元的問題。我們要知道從形式邏輯的平行線是無法理解理氣之不相離性、不相夾雜、渾融無間等語詞，尤其是性理學的理氣論的研究如果從知識的角度去探討而受到局限的話，那是另外的問題，如果不忽略性理學以天人合一來達成修己治人，成聖成德的目的的話，我們就不能忘掉理氣之關鍵在於「人間性」。

所謂理氣之妙的說法即是非知識次元的用語，卽謂妙，就非邏輯之物，這是象徵突破理與氣的單次元思考。

栗谷說：「理氣之妙，難見亦難說」[122]，理與氣之微妙性，難以對他人說明，而且其眞正之面貌亦難能得見。

因此理與氣之妙事實上是超越言語次元之意，若說仍是在語言次元的話，就不會說是「難見亦難說」了，然則理氣之妙的實際意義究竟爲何「難見亦難說」？而且栗谷見到了難見亦難說之

---

[122] 《栗谷全書》，卷十，〈答成浩原〉，頁 204。

理氣之妙了嗎？

栗谷是由本身的體驗來做出這個「理氣之妙」的判斷的，在他致牛溪之答書中曾把其體驗說成如下，

「珥則十年前已窺此端，而厥後漸漸思繹，每讀經傳，輒取以相準，當初或有不合之時，厥後漸合，以至今日，則融會脗合，決然無疑，千百雄辯之口，終不可所回鄙見。但恨氣質浮駁，不能力踐而實之，每用慨嘆自訟耳。」[123]

他既體驗理氣之妙，且確信即使與所有經傳相對照也無所不合，於是他便有了無論誰出，其見解亦不會被改變之自信，當然他還是謙遜地感嘆自己的氣質浮駁，而不能實踐之。

栗谷所說理氣之妙的端緒，是意味什麼呢？此即意味理氣彼此不可相離又不相挾雜之意，栗谷言道：

「理氣渾然無間，元不相離，不可指爲二物，故程子曰，器亦道道亦器，雖不相離而渾然之中，實不相雜，不可指謂一物，故朱子曰理自理氣自氣，不相挾雜，合二說而玩索，則理氣之妙，庶乎見之矣。」[124]

理氣是渾然無間而元不相離之物，如此說來它們似非一物，而且理與氣彼此都有其獨立性，因爲這樣所以理自理、氣自氣，但彼此又不相雜。

---

[123] 上揭書，卷十，〈答成浩原〉，頁 201。
[124] 上揭書，卷二十，〈聖學輯要〉，頁 456。

此栗谷一方面言理與氣之獨特性，一方面又強調不是相離之別物，那麼終究關鍵在於理與氣元不相離與不相雜，則我們必須要考察理與氣如何元不相離與不相雜。栗谷說明如下：

> 「夫理之源一而已矣，氣之源亦一而已矣。氣流行而參差不齊，理亦流行而參差不齊，氣不離理，理不離氣，夫如是則理氣一也，何處見其有異耶，所謂理自理氣自氣者，何處見其理自理氣自氣耶。」[125]

理之根源也一，氣之根源亦一，氣之活動參差不齊，理亦參差不齊，這因理與氣是彼此不可分離，理與氣彼此不分開，它們莫非是一物？但是爲什麼又可說是二物呢？因此要精思與體驗爲什麼一方面可說是一物，一方面又成爲二物。

栗谷的這種邏輯在他把理氣之關係說成是一而二，二而一之命題中很明顯地顯示出來，理與氣是一物之二物、二物之一物，這是超越了形式邏輯的思考範疇；一物的話就是一物，二物的話就是二物；爲什麼說是一而二，二而一呢？但是栗谷正是在此顯現了理氣之妙。

理與氣一方面不相離，一方面又不相雜，同時理自理、氣自氣，即因理與氣之性格不同之故，就像我們已經看過的一樣，理是無形無爲之形而上者，氣是有形有爲之形而下者，理一方面是無形無爲，一方面也成爲有形有爲之主宰，氣一方面是有形有爲，一方面又是無形無爲之器。

---

[125] 上揭書，卷十，〈答成浩原〉，頁 204-205。

氣是形象的質料，理則是此形象質料的主宰，氣若無理之主宰則無法形成形象，反之，理無氣卽無質料，亦不成其形象、理與氣的一而二，二而一架構，正是在這種關係下來展現。我們所接觸到的形象均必須透過感覺來接收，感覺的對象乃是時空中的材料，卽氣，但任何形象莫不依據超時空之理而成，由這點來看、理與氣實爲一物之兩面，二者互爲表裏。

栗谷確實地領悟到這點，他就在這種理與氣關係中來一貫說明萬物之生成與造化；甚至於用來說明人的心性情。

二、「理氣之妙」的意義

栗谷理氣之妙的內容，大體上如上所示。他以性理學之本來的綱領之理與氣來解釋宇宙與人生之全體。在朱子之性理學體系之中，也如已指出的一樣，朱子最憂慮理氣之混同，而栗谷充分理解這點，因此在其獨特的理氣體系之上抑制這點，然則一方面理氣彼此不混同，一方面如何成爲萬物萬化之根據呢？此卽理是氣之樞紐、根柢、主宰，相反地氣雖然說是具有有爲之能動性與形象之質料性，但無理則失其可根柢之處，氣如果是現實之事實，則理是事實性之統一的原理，而且理以觀念性在事實之中限定了其本身之無限性，而在氣中顯現自已。

栗谷的確有意綜合、抑制花潭與退溪之理論，他一方面旣使用花潭之「機自爾」的用語，一方面充分洞察氣之能動性與活動性，而深深理解了氣之事實性與實在性，但他絕對不把氣視爲最終之普遍的存在，卽不站在氣一元論之立場，他一方面根據程子所謂的「陰陽無始，動靜無端」的傳統性理學之理論，一方面在此動靜中因所以之理同時存在，所以動靜之中不可言理不存在，因此反對花潭以「太極之氣」的氣來做爲宇宙萬物的根源原理，他反而以「太極之理」來觀察。對於花潭主張湛一清虛之氣無所不在於萬物之中的說法，栗谷卻言其多所不在而顯露出理的優位性（實際上，理與氣可說是同等價値，因此無法說優位、下位或是有尊、賤之別，但是用言語來解說時，說是優位，不過是對於看成下位之相對的強調，並非是本質如此），栗谷批評花潭錯誤地視湛一清虛之氣無所不在，而不知理通氣局之一節，遂稱花潭爲「見一隅者也」。

栗谷認爲不能只以觀念之理來說明存在，氣不能只看作是一個理的屬性，不能無視於無可爭辯之事實性與實在性的存在，因此栗谷給予氣的事實性與實在性一個充分的地位，但是他也力陳氣並非本身獨自存在，而是必須受到觀念性之理的主宰。

另一方面栗谷似乎用否定退溪之「理發」來強調完全的理之無爲性，但是否定退溪的「發」，只是把重點放在理氣之無離合與無先後上，即氣發理乘一途說，因爲理是無爲，氣是有爲，所以，他說：

> 「氣發而理乘（自註「陰陽動靜而太極乘之，發者氣也，乘其機者理也，故人心有覺，道體無爲）。」[126]

氣因是有爲，所以具有發之運動性，然理無活動性。雖然理的運動性被否定了，但它可以乘其機（陰陽之運動），而以陰陽運動之主宰的身份，藉由氣發來顯露其本身，所以理非全部以無爲而

---

[126] 《栗谷全書》，卷二十，〈聖學輯要〉，頁 457。

成無用之物，而是無爲中的有爲、卽主宰。在此如果認爲理氣有先後及有離合的話，則栗谷之理論中將產生很大之差池，栗谷認爲理是不論物質或精神的所有現象的所以然，只是理發無法單獨存在而已，並且就像天地造化一樣，我們的內心亦是氣發理乘，透過自然來看乃是栗谷的理氣論之一特徵，他主張在我們心中也無理發氣發，只是因爲「心卽氣」，所以發之物是氣，而使發成爲可能之所以卽是理。

氣本身具有掩蔽性，而理卻具有開明性，只是理之開明性因氣之掩蔽，無法顯現其本然而已，因此除去氣之掩蔽的話則理亦照原來而重現，因此便出現了以修爲論來矯氣質的說法。這是栗谷把理氣不相離不相雜的存在論也應用到心性論和實踐論上。

栗谷強調人之修爲能變化氣質，則因理氣不相離，所以如果恢復氣之本然，理之本然亦必出現，因此栗谷說「本然之氣者浩然之氣也」，指出孟子浩然之氣有功於聖門[127]。

他說「道體無爲」，這個道體卽是理，我們人以理爲準則來擴充道，「道體」並非是教導我們，而是在人類的修行的過程中所顯露者，正因此道體非離氣之物。在恢復本然之氣和精察氣之掩蔽與參與中道體顯示其無限性，在這些過程中栗谷強調了「誠意」的關鍵性。

栗谷引用孔子「人能弘道，非道弘人」[128]之言，來說明做爲終極點的理氣之妙，在我們現實之中，道是被實現的，不是超越

---

[127] 上揭書，卷十，頁 209：「氣之本然者浩然之氣也，浩然之氣充塞天地則本善之理無少掩蔽，收孟子養氣之論，所以有功於聖門也。」

[128] 孔子，《論語》。

我們之現實而客觀存在之物。卽理在氣中爲氣之主宰，但此氣是顯現理之具體的事實性。

栗谷透過所謂理氣詠的詩，吟咏理氣之妙，其詩如下：

「元氣何端始，無形在有形，窮源知本合（自註：理氣本合也，非有始合之時，欲以理氣二之者，皆非知道也），沿派見羣精（自註：理氣原一而分爲二五之精）。水逐方圓器，空隨小大瓶（自註：理之乘氣流行，參差不齊者如此，空瓶之說，出於釋氏，而其譬喩親切故用之）。二岐君莫惑，默驗性爲情。」⑫⑨

這是以詩來回答牛溪心服於理氣互發之說而對栗谷之氣發理乘一途說所作質疑，就像詩中所言，理氣是本來就合在一起，並非另外有合之時（始合之時），因而無法互發。理乘氣流行而有參差不齊，像水在不同方圓形狀的皿器裏而改變形狀，空間亦隨不同大小的瓶子而有不同，只是水依然是水，空間依然是空間，正像理之不變一樣，可見理並無能發之力。

栗谷進而強調不要光圖以理論來了解之，相反地人應默驗，透過體驗去知，體驗不是邏輯的方法，而是直觀的方法，光由論理無法得知理氣本自合，

總之，栗谷綜合了退溪理論中理的極尊無比性與花潭之氣一元論，而顯示了理氣之妙。對於退溪的互發論，他提出了氣發理乘；對於花潭的氣一元論則說理通氣局。可看出理通氣局及氣發

---

⑫⑨ 《栗谷全書》，卷十，〈理氣詠呈牛溪道兄〉，頁 207。

理乘一途說，是在相互關聯下連結了普遍之原理與特殊之事實。以及栗谷以理氣之妙的思想來調和存在的普遍與特殊，並在性理與實事混融無間的關係中顯現出來，理氣之妙引出了所謂思考上的次元的問題，想理解理氣之妙，我們思惟之次元必須進一步提升，應從我們日常的、平面的思惟中提高一次元來看，才能在理氣的不可離性與渾融無間之關係中把握得「性理與實事」⑬⓪。

這些都凸顯了理論與實踐、存在與價值、觀念與事實之一致與調和的問題。栗谷比任何一位性理學家都重視這點，「理氣之妙」的提出正可做爲一個代表和佐證。

像栗谷這樣的存在論， 以事實之一致與普遍 、 特殊之綜合與調和爲目的而提出理氣之妙，而且將其與心性論和實踐論相連結， 並在心性論中圖謀從存在與 價值的一致面來 闡明心之發是氣，氣之主宰是理，而且實踐論強調「心是氣」。如此我們的心終究要接受理的主宰，但因能發者是氣，所以我們所有之修養工夫，除了對氣質的矯正外別無他法⑬①。

理氣之妙在一方面一貫其性理學之全部體系，另一方面也調和了所有其他思考之片面性並對其流於獨斷的傾向提出諫諍，理氣之妙的最大意義正在於此。

---

⑬⓪ 李東俊，《關於十六世紀韓國性理學派的歷史意識的研究》（成均館大學院）（韓文文獻）。

⑬① 同⑬⓪。

第四章　心性情論

第一節　心性情意說

一、心的定義

到現在爲止，我們已探討了栗谷的形而上學之存在論，存在論之根本構造的理與氣終究是謀求解釋人如何生存之存在的兩個根源概念。

儒學終極理想的人格是達成天人合一之聖人。因此儒學的修習在於我們如何做才能接近這樣的人格型像，以及是否能够達成。特別是栗谷比任何人都更把聖人當成學問的準則，怎麼樣的人才是聖人呢？栗谷以爲聖人是不思而得，不勉而中的，他說：

「愚則以爲物極其格，知極其至，意極其誠，心極其正者，聖人也。格致誠正，而未造其極者，君子也。就君子上，最近聖人，而未達一間者，顏子也。未格致，而欲格致，未誠正，而欲誠正者，學者也。聖人無待於思勉，而自格致誠正，顏子雖不免於思勉，而亦不待著力，學者未免苦心極力耳。大抵珥則以不思而得，爲知之極，不勉而中，爲行之極。」❶

❶ 《栗谷全書》，卷九書一，頁 189。

這裏指出，聖人能自然而然地達到格致誠正，而致力於格致誠正，卻不能徹底的是君子；未能格致誠正，但想努力去做的是學者。

這麼說來，聖人的完成是要透過格致誠正的達成，而格致誠正是經由我們內心的修養工夫，因為道理都具在我們的內心之中，這是一個入門之處。朱子有言:

「道理都具在心裏，說一個心，便教人言識得個道理存著處。」❷

雖不是說心是最高主體或萬理之根源，但無疑地是理的所在之處，因而除了根據此心而識得理外別無他法。

栗谷特別注重處理內心，在其〈聖學輯要〉的內容中加入「正心章」，下面的話可以作為一個佐證:

「臣按上二章工夫莫非正心，而各有所主，故別輯訓之。主於正心者，詳論涵養省察之意。朱子曰，敬乃聖門第一義，徹頭徹尾，不可間斷，故此章大要，以敬為主焉。」❸

內中所謂的上兩章是指「矯氣質章」與「養氣章」，栗谷明言它們的工夫無非是正心，即所謂矯氣質與養氣都是依據正心工夫來達成的，而正心工夫分成涵養與省察。接著，我們就必須追究這

❷ 《朱子語類》，卷五。
❸ 《栗谷全書》，卷二十一，〈聖學輯要三〉，頁 472。

種工夫之根本的心靈有什麼特徵與構造，而使得它能够被「端正」呢？栗谷繼承朱子之性理學，因此他也按照理氣論的構造來解釋心，而且大體上不離程朱的基本心觀，他說：

「人也得氣之正且通者，清濁粹駁有萬不同，非若天地之純一矣，但心之爲物，虛靈洞徹萬理具備，濁者可變而之清駁者可變而之粹，故修爲之功，獨在於人，而修爲人之極，至於位天地育萬物焉，然後吾人之能事畢矣。」❹

像這樣的心，虛靈洞徹而具備萬理，尤其可變化氣質，可說是人修爲的原動力。當然這種心的定義，不是栗谷所獨創，但其特徵是，有著可變化氣質的優點。這和朱子的「心」一概念，有何繼承之處？讓我們來看看朱子如何看待「心」。朱子說：「心者氣之精爽」❺、「虛無而是人之本體」❻。

「蓋人物之生，莫不有太極之道焉，然陰陽五行，氣質交運，而人之所稟，獨得其秀，故心爲取靈，而有以不失其性之全。」❼

又說：「心有善惡，性無不善」❽、「性便是心之所有之理，心便是理之所舍之地」❾。

❹ 《栗谷全書》，卷十書二，〈答成浩原〉，頁 197。
❺ 《朱子語類》，卷五。
❻ 同上。
❼ 《周濂溪集》，卷一。
❽ 《朱子語類》，卷五。

「若聖門所謂心，則天秩、天命、天討、惻隱、善惡、是非、辭讓，莫不該備，而心無外法。故孟子曰，盡其心者知其性也，知其性則知天矣。」❿

由上述引文，我們可知朱子主張人之心獨得氣禀之靈秀，因而心是屬氣的，是理的所在之地，天秩、天命、側隱、善惡……等都具備在心中。很明顯地栗谷所謂「心之爲物，虛靈洞徹萬理具備」正脫胎於朱子。

除此之外，朱子在上述諸引文中也論列了心性關係，並進一步帶入了「情」，他說：「性者心之理，情者心之動」⓫，到這裏，我們可再追溯至張橫渠（1020～1077）的「心統性情」說，而爲朱子所擴充：

「……心統性情者也，性無不善，心所發爲情，或有不善，說不善非是心亦不得，卻是心之本體，本無不善，其流而爲不善者，情之遷於物而然也。」⓬

朱子視心是統兼性情之物，心之本體（即性，心之理）雖是本來無不善，卻會因情動而有了善惡。進一步將此與理氣連繫起來論說，得：「心之理是太極，心之動靜是陰陽⓭。」

---

❾ 同❽。
❿ 《朱子文集》，卷三十，〈答張欽夫〉。
⓫ 《朱子語類》，卷五。
⓬ 同⓫。

「性猶太極也，心猶陰陽也，太極只在陰陽之中，非能離陰陽也。然至謚太極自是太極，陰陽自是陰陽，惟性與心亦然，所謂一而二，二而一也，韓子以仁義禮智信言性，以喜怒哀樂言情，蓋愈於諸子之言性……」⓮

再兼性情，則得:

「理在人心之中是以爲性，猶性人心之田，……心是神明之舍，而一身爲主宰。」⓯

綜合上述，我們可以作一個統整的解釋: 心乃是身的主宰，是氣之精爽者構成的。它的特性虛靈並具備萬理。就理氣論來看，則心是理氣之合，心之體是理是性，心之發而與物接觸成爲情，情亦可說是心之用。心統兼性情，性有仁義禮智聖，情則有喜怒哀樂愛惡欲七情。再從善惡價値來看，則心之本體無不善，但因情受物所遷遂有善惡。無論如何，在萬物之中，只有人之心因得自氣的精爽才有虛靈知覺，而能成爲人的所有修行之根本，進入聖門的基石。

栗谷大體均接受了朱子的心性情觀，但重要的是，他做了更精密的解釋及強調，而爲心性情論上添加了新意。

⓭　《性理大全》，卷三十三，〈性理五〉。
⓮　《朱子語類》，卷五。
⓯　《朱子語類》，卷五。

二、一心和「心性情意一路」

栗谷的理論可用「心性情一路」說來表示。闡明栗谷的心性情一路說之方法是，透過所謂的心爲何物之探討，一方面剖明心與性、情再加上意的關係；一方面把它和理氣論關聯起來論說，最後則要論證心性情意爲何是一路。

我們已知栗谷與朱子一樣，視心爲氣之精爽具虛靈之性，他說:

> 「心之虛靈，不特有性而然也，至通至正之氣凝而爲心，故虛靈也。」⑯
>
> 「心之本體湛然虛明，如鑒之空如衡之平。」⑰

主張氣之至通至正者凝結成心，我們可看出它和氣之本體的湛然清虛之氣有所關聯，然而這種心有什麼樣的能力呢?

> 「人之一心萬理全具，堯舜之仁湯武之義。」⑱
>
> 「心是虛靈洞徹。」⑲

這種心之能力，具有能修爲之功。

栗谷再次援引朱子之言而說:

---

⑯ 《栗谷全書》，卷三十一，〈語錄（上）〉，頁 234。
⑰ 《栗谷全書》，卷二十一，〈聖學輯要三〉。
⑱ 《栗谷全書》，卷二十，〈聖學輯要二〉，頁 452。
⑲ 參考⑯。

「朱子曰心之虛靈知覺一而之矣。」[20]

這兒進一步宣說心所具之萬理終究是「一而之矣」，並且知覺亦屬心之能力。它在理氣架構裏的關係是:

「能知能覺者氣也，所以知所以覺者理也。」[21]

亦卽具知覺能力的心是屬氣的，但其所以知、所以覺的則是理，從而推展到其一貫的理氣不相離與氣發而理乘之主張，論述心與性、情的關係:

「合性與氣而爲主宰於一身者謂之心，心應事物，而發於外者謂之情。性是心之體，情是心之用，心是未發已發之總名。」[22]

他視心是理（性）氣之合，爲一身之主宰，情是心應事物之刺激而發爲外在的行動，性情則是心之體用，心是未發已發的總合名稱。他進一步申述:

「理氣渾融元不相離，心動爲情也，發之者氣也，所以發者理也，非氣則不能發，非理則無所發，安有理發氣發之殊乎。」[23]

---

[20] 《栗谷全書》，卷二十，〈聖學輯要二〉，頁 453。
[21] 《栗谷全書》，卷三十一，〈語錄（上）〉，頁 245。
[22] 《栗谷全書》，卷十四，〈雜著一〉，頁 282。
[23] 同[22]。

這裏說明了雖然心之用是情、心之發是氣，但其所以然的原因是理，於是便隱然地反對了所謂的四端七情說。四端七情是退溪的理論，以爲四端是理發而七情從氣而發，因而是理氣互發說，此點我們將留待後文再詳加討論。

若單就性與情的體用關係來看的話，情是性之用，性是情之體，而心則統兼性情，因而心在一相當特殊的地位上。朱子在心統性情上發揮得極透闢，栗谷幾乎全然接受，但他再加上心性情意一路之說法，而進一步發展了朱子的學說。

朱子對心性情有很詳盡的剖析，他以爲正因心之知覺能力，故而能具理而行情（情者，事也），他更舉智和知是非爲例來分判三者的位置：

> 「性只是理，情是流出運用處，心之知覺卽所以具此理而行此情者也，以智言之所以知是非之理，則智也，性也，所以知是非而是非之者，情也，具此理而覺其爲是非者，心也，此處分別只在毫釐之間精以察之，乃可見耳。」㉔

栗谷則把心、性、情再加上意貫串起來便成一階段的各種境界，卽所謂心性情意一路，他是這麼說的：

> 「須知性心情意，只是一路而各有境界，然後可謂不差矣。何謂一路？心之未發爲性，已發爲情，發後商量爲意，此一路也。何謂各有境界？心之寂然不動是性境界，

㉔　《朱子大全》，卷五十五，〈答潘濂〉。

感而遂通時是情境界，因所感而紬繹商量爲意境界，只是一心各有境界。」㉕

這兒力陳性、情、意和心並非幾種不同的東西，而是同一機能（心）的諸不同階段，心未發則是性，已發稱爲情，發後思量計慮是意，這便是一路也是同一物之意，而諸不同階段也各成一境界，可說是一路之心而各有境界。

在這種心性情一路爲前提下，四端七情均爲心之發用，心屬氣故無所謂理發可言。下節我們便來探討栗谷的四端七情說。

第二節 四端七情說

一、四端七情的意思

所謂四端，《孟子》的〈公孫丑章〉中，曾意指惻隱、羞惡、辭讓、是非之心爲仁、義、禮、智的端緒。孟子說:

「人皆有不忍人之心者，今人乍見孺子將入於井，皆有怵惕惻隱之心，非所以內交於孺子之父母也，非所以要譽於鄉黨朋友也，非惡其聲而然也。」㉖

從這個例子推而得四端爲:

「惻隱之心，仁之端也；羞惡之心，義之端也；辭讓之

㉕ 《栗谷全書》，卷十四，〈雜著・雜記〉，頁 297。
㉖ 《孟子・公孫丑上》。

心，禮之端也；是非之心，知之端也。」㉗

朱子從他的心統性情論中對這四端做出如下解釋：

「惻隱、羞惡、辭讓、是非，情也。仁義禮知，性也。心統性情者也。端緒也，因其情之發，而性之本然可得，而見猶有物在中而緒見於外也。」㉘

朱子把仁義禮知視爲人之性，卽四端，透過具四端之心發而爲用才能顯露出這人的「本然之性」來。而心之發惻隱、羞惡、辭讓、是非四者便是情。

接著，孟子把人之四肢拿來比喻人具四端，而說：「人之有四端也，猶其有四體也」，以此來力證四端之於每一個人的確實存在。若有自說他不能的，便相當於自殘肢體一般㉙。而人本有此四端，但需「擴而充之」，孟子云：

「凡有四端於我者，知皆擴而充之矣，若火始然，泉之始達。苟能充之，足以保四海；苟不充之，不足以事父母。」㉚

㉗ 同㉖。

㉘ 「經書」（成均館大學校大東文化院），《孟子·公孫丑上》（朱子注）。

㉙ 同㉘，「人之有是四端也，猶其有四體也。有是四端而自謂不能者，自賊者也」。

㉚ 同㉘。

我們可據此而說只有擴充此四端才能成爲眞正的人，也才是實現本性之路。仁義禮智是善的德性，可知人性正是善的。若有人對此有所質疑，我們可再舉孟子在〈告子章〉中的力言仁義禮知爲人所固有[31]來佐證之。於是從四端之爲本性之善，可推得做爲四端所發之情亦是善的。

以上是四端的意思，那何謂七情呢？

七情意指禮記中的「喜怒哀樂愛惡欲」[32]，乃是人類與生俱有的本能，即不學而能之事，七情不過是一個總稱。吾人雖可將人類本能之情進一步細分，然而終究得落在七情的範疇內。例如食色之情、四端之情，但它們都只不過是一切「人情」的部分，而七情卻是總稱了人類的全部本能。《中庸》亦言喜怒哀樂之未發而未詳舉出七情，這乃是因旣言及情則通遍七情之故。七情只是一個較爲廣含、周遍的劃分再合而言之的總稱。

這樣看來，我們尙不能規定情是善是惡，不過是先能確定人在實際上會出現這樣的七情。而在這裏重要的問題是如何從理氣架構中去解釋四端七情。首先我們將自退溪的學說來進入，在比較之中更可淸楚地了解栗谷的看法。

二、退溪的四端七情說

退溪以理氣架構來解釋四端七情，他在〈天命新圖〉中說「四端理之發，七情氣之發」，又在〈聖學十圖〉中說「四端理

---

[31] 《孟子・告子上》：「仁義禮智，非由外鑠我也，我固有之也，弗思耳矣！故曰求則得之，舍則失之，或相倍蓰而無算者，不能盡其才者。」

[32] 《禮記・禮運篇》。

發而氣隨之，七情氣發而理乘之」。第一句話是改寫自秋巒（鄭之雲）的「四端發於理，七情發於氣」，當退溪如此改寫時，對這改寫的解釋便成爲高峯（1527～1572）爲始的當時學者們討論的議題。

高峯在最後提出了「情之發也，或理動而氣俱，或氣感而理乘」[33]之主張，這似乎支持了退溪的互發說，然高峯的主張正確說來應是共發論。

退、高兩人均主理氣兩發，然有其差異之處：退溪在折衷調和朱子所謂理氣決是二物與不可分開之二極時主張了理氣不離不雜，但當他用理氣相需互發來分說主理與主氣，顯示了他仍傾向於理氣決是二物的一面，而將重點置於互發上，則在理氣不可分中似有矛盾，也違背了理無爲的前提。而高峯則說在情發之時，理動氣俱或氣感理乘，並不硬將四端七情分派給理氣，但由「理動」之說可知高峯仍贊同理可發。學者認爲退溪是主「理氣先後互發」，而高峯則是「理氣同時共發」[34]。

再從四端七情的善惡觀之，退溪從純理上認爲四端無不善，從兼氣上認爲七情有善惡，便與理貴氣賤的思想結合，視四端與七情爲分別之物，使得退溪的架構成爲七情對四端的對立邏輯；而高峯把四端七情看作情之全部而有善惡，指出四端是七情中善之一邊，則成爲七情包四端的包含邏輯。這樣一來，在退溪的說法中，善惡截然分明，只是理發與氣發的問題，而高峯說法中的善惡卻要由理強氣弱、氣強理弱之形式來歸納[35]。

---

[33] 高峯，〈答退溪再論四端七情書〉，第一書改本。
[34] 裵宗鎬，《韓國儒學的課題與展開》，頁 235-236。
[35] 同[34]。

面對前輩的這些討論見解，栗谷從什麼樣的立場來顯示彼此之間的同異點呢？栗谷對四端七情的見解大抵均出自於和成牛溪（成浩原，1533～1598）的書信問答中。成牛溪以爲朱子的人心道心、或生或原之議論與退溪的四端七情、理氣互發說是一致的，於是他以書面質問栗谷，總共往返了六、七次之多，栗谷的答書即是他理論的呈現之處。

三、「氣發理乘一途」說

栗谷的四端七情論必須和他的氣發理乘一途說結合起來共同討論。既然主張心性情意一路，栗谷當然會反對心性二用與情意分歧，力言只有氣發理乘一途。他從否定四端是理發開始，以爲四端亦屬氣發，他的論據和論點是什麼呢？針對四端與七情的關係，栗谷說：

> 「情一也，而或曰四或曰七者，專言理兼言氣之不同也。是故人心道心不能相兼，相爲終始焉。四端不能兼七情，而七情則兼四端。」㊱

這兒顯示情只是一，把它說成四端、七情的，不過是在指出理氣的差異。在栗谷看來七情是統稱，他說：

> 「七情則統言，人心之動有此七者，四端則就七情中擇其善一邊而言也。」㊲

㊱　《栗谷全書》，卷九書一，〈答成浩原〉，頁 192。
㊲　同㊱。

可見得四端與七情並非截然判分之兩物，而是四端是從七情中善的一邊來稱說的。情既然是心之發用，並且只有氣發理乘，則七情（即情之統稱）可說是兼及理氣的，而四端只偏於理之一邊，因而七情以理氣之兼能包四端，它們的關係是部分和全體（一邊和總會）。栗谷說：

「四端是七情之善一邊也，七情是四端之總會者也。一邊安可與總會者，分兩邊相對乎。」㊳

這顯然是在批判退溪的四端對七情的對立觀的。

他同時評論退溪的觀點和指出其實乃一敝累：

「竊詳退溪之意，以四端爲中而發，七情爲感外而發，以此爲先人之見，……以爲正見之一累也。」㊴

退溪之想法在栗谷看來是把未發之中視作理，四端由此而發，因而是理發；外感屬於氣，七情因外物感觸而發是氣發；退溪把這視爲先人之見，其實是一缺點。

就栗谷的理論立場來說，不論四端或七情，其發動均因外感而生，所謂「感」即是氣之動靜，非氣則無以感之。栗谷指出：

「必有感而動，而所感皆外物也。何以言之？感於父則孝

㊳ 上揭書，卷十書二，頁 198。
㊴ 上揭書，卷十書二，頁 199。

動焉，感於君則忠動焉……天下安有無感而由中自發之情乎？」❹⓪

人心一定要有所感應才有所動，感應之所以者是理、是性，此感應則爲情，情之劃分再合而名之曰七情，但引起感應的是外物，無外物則無法感應。情發絕非自然而發，而是因感應於外物才出現。若是有不感觸外物而有所謂自內而出之情者，則這並非人之眞情。四端爲理發之說以爲無須經外感而自內心出現，乃是一不可能的事。所以栗谷說:

「今若以不待外感由中自發者爲四端，則是無父而孝發，無君而忠發，無兄而敬發矣，豈人之眞情乎？」❹①

栗谷主張四端七情全爲氣發，而且只有氣發理乘一途，兩者關係爲:

「大抵發之者氣也，所以發者理也；非氣則不能發，非理則無所發。」（自注：發之以下二十三字，聖人復起，不易斯言）❹②

理氣原是渾淪無間、無先後無離合之物，若理氣有先後則有離合，有離合則動靜有極而陰陽亦有始終。既然理是太極，氣是陰陽，若有所謂理發，則太極便有動意，變成太極與陰陽互

---

❹⓪ 同❸⑨。
❹① 同❸⑨。
❹② 同❸⑧。

動，而陰陽之動靜原來就不是有使之產生動靜，它能自行產生動靜，但必有一動靜之所以（即理），則理做爲動靜之所以，非自行動靜之物。理發則暗示了此動靜之所以自身又行動靜，這便有著扞格之處了，可見得退溪的互發論是無法成立的。

以上便是栗谷批判退溪互發論之「四端乃理發而氣隨」之說的根據，只主張四端七情俱氣發理乘一途。他認爲退溪是誤解了朱子之意的：

「若朱子眞以爲理氣互有發用，相對各出，則是朱子亦誤也。何以爲朱子乎！」㊸

總之，對栗谷來說，四端七情只有氣發理乘一途，但所謂氣發理乘並不能錯解爲「氣先於理」㊹，恰當的理解乃是理無爲而氣有無。

我們在前文已知栗谷繼承了朱子「心者氣之精爽」的主張，雖在理氣不離不雜的前提下，心亦是「理氣之合」但終究是屬氣之物，並且七情包四端，以及只有氣發理乘一途之說，在四端往往被視爲理或偏向理一方的通見下，栗谷每每被後世通稱爲主氣論者，在韓國儒學中對立於主理的退溪，而同是巨擘。四端七情之爭執也引發了後世的許多議論，然而我們切不可忘記栗谷一再強調氣在不論何時均受到理之主宰的。

誠然，栗谷較著重於氣的分析，這乃是因爲氣之有形有爲之

㊸ 《栗谷全書》，卷十書二，頁 202。

㊹ 上揭書，頁 208：「所謂氣發理乘者，非氣先於理也。」

故。但不能因此便無條件地稱他爲主氣論者，實際上對栗谷來說，根本無主理主氣的問題。

接著，我們來看四端七情的善惡問題。

根據退溪，四端爲理之發而爲純善，七情則善惡不定。相反地，栗谷認爲四端非理發而和七情俱爲氣發，且四端不過是七情中善的一邊，善惡之根源、分別並不明顯。但既然情是氣發，便有爲善或爲惡之可能；只有性是理是純善，而無所謂善惡可言，但其乘氣發出時，因氣之干預混雜，便產生了善惡，也就是善惡之情。

現在，問題是，情之善惡如何區分呢？栗谷說：

> 「善惡之情無非感物，而動特所感有正有邪，其動中有過不及，斯有善惡之分耳。」㊺

這是說，善惡由感物的程度來區分，感物而動總會有過與不及的情形發生，則便會產生善惡的分別。過與不及者皆爲形氣所掩而失卻性之本然故是惡的，只有發而中節才是爲善：

> 「此情之發，而不爲形氣所掩，直遂其性之本然，故善；而中節可見其爲仁義理智端也。此情之發，而爲形氣所掩，失其性之本然，故惡；不中節不見其爲仁義禮智之端也，橫發故橫書。」㊻

㊺《栗谷全書》，卷九書一，〈答成浩原〉，頁 194。
㊻ 同㊺。

這裏顯示了性之本然正是善的，但因氣發的感物之動有了過與不及，意謂性本然爲形氣所掩，便有不善。反過來說，若去除形氣之掩蔽，以發而中節之情，使本然之性，卽純善之理呈露，此情卽善。以此推之，人只要在構成他的現實之氣質上下工夫，便能够實現善的生活。

總之，栗谷的心是氣之精爽、氣發理乘等乍看之下所謂主氣傾向的主張，畢竟目的是在於解決人之性本然爲純善卻有惡事發生的現實，而給予一個理論說明，正是氣之掩蔽而使性或道不能在現象界顯露其本然之狀態。並不是把具有能動性之氣視爲宇宙之根本或賦予尊貴的地位，這種在氣相對於理所具之能動性的強調並不能改變栗谷性理學者的基本立場，只不過顯示出其在性理學傳統中的個人特色，可說是保守中的進步。

第三節　本然之性與氣質之性

一、本性論的歷史流變

首先，我們從思想史的立場來探討本性問題的流變。人本性之問題首出於孟子，孟子以四端爲例，指出人之異於禽獸之處，四端之心正是人之所以爲人的固有之性，它並非來自於後天之經驗，而是得之於先天的稟受，是本來爲善的。於是確立了人性本善的性善說之命題。然而，卽使在孟子的時代，性善說也面臨告子所主張之性無善無不善的挑戰；後來荀子（B. C. 298～238）又主性惡論，而言「其善者僞也」[47]來批評性善說；西漢揚雄

---

[47] 《荀子・性惡篇》：「人之性惡，其善者僞也。」

(B. C. 53～18) 則說人性爲「善惡混」[48]；唐之韓愈更有一所謂「性三品」的主張，將人性劃分爲「上中下」[49]三品。

這個歷史流程顯現了「性」字之意義及主張的混亂。直到宋代理學者才有一較好的界分。張橫渠在建立太虛理論的同時區分了「天地之性」和「氣質之性」：

> 「由太虛有天之名，由氣化有道之名，合虛與氣有性之名，合性與知覺有心之名。」[50]
>
> 「形而後有氣質之性，善反之則天地之性存焉；故氣質之性，君子有弗性者焉。」[51]

其後程伊川又言：

> 「性無不善，有不善者才也。性卽是理，理卽自堯舜至於途人，一也。才稟於氣，氣有淸濁，稟其淸者爲賢，稟其濁者爲愚。」[52]

伊川從性卽理來肯定了性的無不善，若有不善是因才具，卽氣稟的關係，因而這裏的性、才之區分是同於張載的。

---

[48] 揚雄，《法言・修身》，卷三：「人之性也，善惡混，修其善則爲善人，修其惡則爲惡人」。

[49] 韓愈，《昌黎集》，卷十一，〈原性〉：「性三品，有上中下三；上焉者，善焉而已矣，中焉者可導而上下也；下焉者惡焉而已矣！」

[50] 張橫渠，《正蒙、大和篇第一》。

[51] 上揭書，《正蒙・誠明篇第六》。

[52] 《二程全書》，卷十八。

根據宋儒的區分，則歷史上的那些有關「性善」、「性惡」或「性有善有惡」、「性無善無不善」之爭執便很容易解決了。卽把孟子的性善之性視爲天地之性（本然之性）；而告子、荀子、揚雄、韓愈等人所說的性則與孟子所謂耳目口鼻之欲相同的性，在程朱系統的性理學者中屬氣質之性 (53)。

朱子非常欣賞這種區分，他稱讚道並補充道:

> 「氣質之說起於張程，極有功於聖門，有補於後學。前人未經說到，故張程之說立，則諸子之說泯矣。」(54)
>
> 「天地之性，則太極本然之妙，萬殊之一本也；氣質之性，二氣交運而生，一本而萬殊也。」(55)
>
> 「論天地之性，則專指理而言；論氣質之性，則以理與氣雜而言之。」(56)
>
> 「但論氣質之性，卽此體墮在氣質之中耳，非別一性也。」(56)

從朱子的注解補充中，我們更可瞭解此性之區分正是依著理氣論的架構來立說的。天地之性乃是太極的本性之妙，而氣質之性由陰陽二氣交運而生，二者之間正是理一分殊之架構的關係，同時也是體用而密不可分的關係，因此性雖被分爲二，但二者並非不同之物，只是天地之性墮在氣質之中才稱之爲氣質之性。

---

(53) 參考李相殺，〈李滉的哲學〉，《韓國哲學研究》中卷（1978），頁 239（韓文文獻）。
(54) 《張子全書》，〈正蒙・誠明篇第六〉，朱子注部分。
(55) 同(54)。
(56) 同(54)。

進一步說明之，天地之性是專指理，氣質之性則是雜言氣之理；在理一分殊的架構中，前者是理一，後者是乘氣流行之理，卽理分殊之理，可見氣質之性不是雜了氣在內。因爲若不把性解爲理氣雜言中之理，而看成是理氣混雜，使得性中有了氣之成分，就違背了「性卽理」的命題[58]。因此，朱子對性的理解和其理氣論、理一分殊的立場是一貫的。我們可比喻說氣質之性乃是本然之性被氣所扭曲和變形，朱子正是這麼說的:

「氣質之性，只是此性隨在氣質之中，故隨氣質而自爲一性，…假使無本然之性，則此氣質之性又從何處來耶?」[59]

於是程朱性理學者便把本然之性視爲純善，而氣質之性則有善惡，這樣便能輕易解決性善、性惡之爭論了，朱子說得很清楚:

「天地之間只是一個道理，性便是理。人之所以有善有不善，只緣氣質之禀，各有清濁。」[60]

人之有善惡乃是所稟受之氣質有清濁的差異，但人人所普遍共有的本來之性，卻是純善的。只不過這純善的本然之性卻從來不可能單獨地出現，而總是必然混雜在氣中。稟受清氣者越能呈現其本然之性故趨於善，稟受濁氣者其本然之性便易於被掩蔽而有不

[57] 同[54]。
[58] 裵宗鎬，《韓國儒學的課題與展開》，頁 240。
[59] 《朱子大全》，卷五十八，〈答徐子融〉。
[60] 《朱子語類》，卷四。

善。

繼承程朱性理學的韓國儒學也同樣地把性區分爲本然之性和氣質之性。退溪更把四端七情中之四端配屬本然之性，七情配屬氣質之性。而栗谷雖也言本然之性，卻和退溪有別。下文我們將來探討二位韓國儒者的論點。

二、氣質性包本然性

退溪論說:

「故愚嘗妄以爲情之有四端七情之分，猶性之有本性氣稟之異也。然則其於性也，旣可以理氣分言之，至於情，獨不可以理氣分言之乎?」[61]

這裏，他指出旣然性可以用理氣來二分，那末情爲什麼不可以說四端屬理而七情屬氣呢? 顯然退溪極爲堅持情可二分爲四端七情並分配屬本然之性與氣質之性。然而這並不是說他把二者視爲二物或二個性，而只是在主要性上有別，他說:

「滉謂天地之性，固專指理。不知此際只有理，環無氣乎。天下未有無氣之理，則非亦有理，然猶可以專指理而言，則氣質之性，雖雜理氣，寧不可指氣而言之乎? 一則理爲主，故就理而言; 一則氣爲主，故就氣而言耳。」[62]

---

[61] 《退溪全書》(一)，卷十六，〈答奇明彥，論四端七情〉第二書。
[62] 同[61]。

這是說雖然理氣是不相離的，但既然可有專指理而言的，那氣質之性固然是雜著理氣， 仍然可指氣來說的， 正因二者是主理、主氣之別。退溪這種說法自然也是其理發氣發互發說之理論的結果。

栗谷既然持氣發理乘一途說，當然會對退溪的天地和氣質之性分別主理、主氣之論提出疑議。

在栗谷和牛溪的書信討論中，牛溪抱持退溪的立場來質疑栗谷，栗谷則就氣發理乘一途和七情包四端的立論而提出「氣質之性包本然之性」的說法，並且反駁牛溪:

> 「吾兄性有主理主氣之說，雖似無害，恐是病根藏於此中也。本然之性則專言理而不及乎氣矣；氣質之性則兼言氣而包理在其中；亦不可以主理主氣之說，泛然分兩邊也。本然之性與氣質之性分兩邊， 則不知者， 豈不以爲二性乎？且四端謂之主理可也，七情謂之主氣則不可也，七情包理氣而言，非主氣也。」[63]

栗谷在這裏提出「氣包理」，其實不過是其一貫理氣不離不雜、理在氣中方得以顯露的另一說法。就本然之性專指理或所謂主理兩人並無差異，且四端是在這邊的；但若說七情是主氣的話，栗谷便不能同意了，因爲不僅七情是合理氣，而且七情也包四端，二者均屬人之一性，純理因雜了氣才有本然與氣質之分。所謂七情主氣之說，則將本然與氣質之性分爲兩邊，易使不知的人以爲

---

[63] 《栗谷全書》，卷十書二，〈答成浩原〉，頁 198-199。

人有二性。在栗谷看來，正確的說法應是:

「本然之性則不兼氣質而言也，氣質之性則卻兼本然之性。」64

可說是本然之性（理）乃是由氣質之性（理氣合）純粹化後不兼氣質而抽取出來的，下段引文可說是栗谷對本性問題最詳盡最具代表性的說法:

「性者理氣之合也。蓋理在氣中然後爲性，若不在形質之中則當謂之理，不當謂之性也。但就形質中，單指其理而言之，則本然之性也。本然之性不可雜之氣也。」65

對照於程朱的「性卽理」，栗谷則慣於從氣的一方進入問題而說「性者理氣合」，似乎不承認性卽理，而主張若理不在氣中則不當稱爲性而稱爲理了。因此對栗谷來說性一定是理氣合，卽氣質之性了，本然之性則是在觀念上不去兼氣質而專指理來談，但在具體的現實上則不能如此，理時時刻刻一定是雜了氣而共同出現的，呈現出來的一定只能是氣質之性。但程朱卻強調性卽理，重視純粹的本然之性，主張此性墮入氣質之中才有氣質之性可言。退溪卻又有本然之性是主理，氣質之性是主氣的說法。可見，儘管大家均一致同意有本然與氣質之性的分別，但對於二者的地位

64 上揭書，卷九書一，〈答成浩原〉。
65 《栗谷全書》，卷十，〈答成浩原，理氣詠呈牛溪道兄〉。

優劣，卻有不同的強調。

對於栗谷的這種特殊性，有學者指出：栗谷企圖在形氣內的性卽氣質之性的範疇下置入理一分殊的架構，把氣質之性視爲涵蓋了理一分殊的全體，而做爲全部的性[66]。當然因氣質之性包本然之性的原故，理之一仍是本然之性，而分殊實爲氣之分殊，卽本然之性在形氣化之後的具體個體中實際呈現者。

至於性之善惡的價值問題，韓國儒者同樣也沿襲程朱系統，然因對本然、氣質之性，七情、四端等彼此關係的不同解釋，自然也有略爲不同的說法。

退溪以四端爲本然之性，七情爲氣質之性，而視四端卽本然之性爲純善，七情卽氣質之性而有善惡，二者成爲分別而獨立的狀況。然而由栗谷主張氣質之性包本然之性的立場來看，雖他亦視四端爲純善，但並非脫離七情而獨立者，只不過是七情中善的一端，可說是情發而中節者，卽不受形氣之掩蔽，而令本然之性（理）當下顯露，因而是爲善；若是受到形氣之掩蔽而失卻性本然，卽發而不中節者，便成爲惡了。栗谷更舉程子的「論性不論氣不備，論氣不論性不明」來支持自己理氣合言的態度在論性上是必需的。儘管如此，栗谷比起程朱無疑是偏向於強調氣（卽現象）的，但做爲全體的性之氣質之性的本體無論如何還是專指理的本然之性，它必然是純善的，只因受氣的掩蔽或不掩蔽而在現象上有了善惡對立之分，這一點的認知上，程朱、退溪、栗谷無疑都是一致的，而且都能恰當地解決長久以來性善、性惡之爭執的問題，因而栗谷理直氣壯地說：

---

[66] 裵宗鎬，《韓國儒學的課題與展開》，頁 245。

「荀揚之徒見零碎之理各在一物，而不見本體，故有性善惡混之說；孟子只舉本體，而不及乘氣之說，故不能折服告子。」[67]

第四節 人心道心說

一、朱晦庵的理論

所謂「人心、道心」首見於《書經》：「人心惟危，道心惟微，惟精惟一，允執厥中」[68]，它之成爲性理學者們的中心課題則是受朱子解釋的影響，朱子將人心道心做了界定並說明之:

「此心之靈，覺於理者，道心也；覺於欲者，人心也。」[69]

「心之虛靈知覺一而已矣。而以爲有人心道心之異者，則以其生於形氣之私，或原於性命之正，而所以爲知覺者不同，是以或危殆而不安，或微妙而難見耳。」[70]

心只是一虛靈知覺，分爲人心道心之說，正是從知覺的生發根源處所知覺到的對象來劃分的。人心出於形氣之私，所覺爲欲；道心生於性命之正，所覺爲理。如此，所謂形氣之私、性命之正何意也?

---

[67] 《栗谷全書》，卷十書二，頁 212。
[68] 《書經・大禹謨篇》。
[69] 《朱子大全》，〈答鄭子上書〉。
[70] 朱子，《四書集注》，〈中庸章句序〉。

朱子解釋道:「如饑飽寒暖之類，皆生於吾身血氣形體，而他人無與，所謂私也」[71]，那麼這裏用與他人無關的吾人之血氣形體，像饑飽寒暖之類的來說明形氣之私時，則此形氣並非理氣二元論中的那本體論之氣，而是每個個人所個別稟受而出現於個人身上者。另一方面，性命之正是「命之正者出於理、命之稟者出於氣質，要之皆天所賦」[72]，也就是能知覺惻隱、羞惡、是非、辭讓四端[73]。可知，出於形氣之私的人心所知覺者爲口之於味、目之於色、耳之於聲、鼻之於臭、四肢之於安佚等物欲[74]；而出於性命之正的道心所知覺的乃是仁之於父子、義之於君臣、禮之於賓主、智之於賢者、聖人之於天道等義理[75]。

我們再看朱子對人心惟危、道心惟微的解釋，當可更清楚地看出人心、道心不過是人欲、天理之辨:

> 「人心是此，有知覺、有嗜欲感、於物而動、此豈能無。但爲物誘而至於陷溺，則爲害耳。故聖人以爲此人心有知覺嗜欲，然無所主宰，則流而忘反不可據以爲安，故曰危。道心則是義理之心，可以爲人心之主宰，而人心據以爲準者也……故當使人心每聽道心之區處方可，然此道心雜出於人心之間，微以難見，故必須精之一之，而後中可執，然此又非有兩心也，只是義理與人欲之辨爾。」[76]

---

[71] 《朱子大全》，卷六十二，〈黃士毅錄〉。
[72] 《朱子語類》，卷四。
[73] 《朱子語類》，卷六十二。
[74] 上揭書，卷六十一。
[75] 上揭書，卷六十一。
[76] 《朱子語類》，卷六十二。

因此，人心必須接受道心之主宰方可脫離危殆，但因道心雜出於人心之間，隱微難見，故應精一貫之，方能執中而行。然而這不是說有人心知卽是全然有害，而是因它易於陷溺、流而忘反，朱子說：

「人心堯舜不能無，道心桀紂不能無。蓋人心不全是人欲，若全是人欲，則直是喪亂，豈止危而已哉。只饑食渴飲，目視耳聽之類是也，易流故危。道心卽惻隱、羞惡之心，其端甚微故也。」(77)

接下來，我們將看朱子如何以理氣論來闡述人心道心，也就是爲人心、道心在本體論上尋找一個解釋：

「人之有生，性與氣合而已；然卽其已合而析言之，則性主於理而無形，氣主於形而有質，以其主理而無形，故公而無不善。以其主形而有質，故私而或不善，以其公而善也，故其發皆天理之所行。以其私而或不善也，故其發皆人欲之所作。此舜之戒禹之所以有人心道心之別。」(78)

道心出於性而主於理，它的發動必是公而善的；然人心則因氣的有形有質，不免就有私和不善的情形了。這裏很明顯地從理氣二元之架構一貫地二分四端、七情，本然之性、氣質之性，人心、道心；然而它們不是簡單地直線式的二分配對，其中諸概念間有

---

(77) 上揭書，卷一一八。
(78) 《朱子大全》，卷四十四，〈答蔡季通〉。

相關複雜的關係網絡。大體而言，理氣是本體論上的二個構成世界之基本元素，而性則是在區分人之異於禽獸，即人被生而如此並依之而行動者；心爲人之知覺功能的總稱，四端七情則是人的行爲類別，這些再搭配了價值論上的善惡分判，便形成了這樣的觀念網。底下我們將進一步看朱子如何闡明它們。

人心、道心並不能簡單地配給氣和理。雖然朱子曾說：「四端是理之發，七情是氣之發」[79]（這裏的說法是否同於退溪的理氣互發論有待詳細檢討），但對於人心、道心只說：「道心是義理上發出來底；人心是人身上發出來底」[80]。這是指心之發動時，若依循義理而來者是道心，從人身上的感官本能而來的則叫人心，若是氣之發動（七情），卻據義理而出者，亦可稱爲道心，故而不像四端、七情一般的分別配屬於理和氣。對人心、道心的關係朱子做了一個很好的比喻：

> 「……形氣非皆不善，只是靠不得。季通云形氣亦皆有善。不知形氣之有善皆自道心出。由道心，則形氣善；不由道心，一付於形氣則爲惡。氣猶船也，道心猶舵也，船無舵，縱之行，有時入於波濤，有時入於安流，不可一定。惟有一舵以運之，則雖入波濤無害。」[81]

由這裏可引伸得屬氣之七情亦可有善，但它是受道心的指引操

---

[79] 《朱子語類》，卷五十三，〈孟子三・公孫丑上之下・人皆有不忍人之心章〉。
[80] 《朱子語類》，卷六十二，〈中庸章句序〉。
[81] 《朱子語類》，卷六十二，〈中庸章句序〉。

控，正像船受舵的操控才能航行在正確的方向上。

朱子很明白人生而具有一些本能，也是生存必備的條件，人對此生存本能的知覺朱子統稱之人心，但人心若不受控制將流於嗜欲貪欲，便成了人欲，所以須得再提出道心來做爲人心的準則，道心所依者爲天理，那麼如前已提及的，人心道心之對分的關鍵點正在於人欲天理之辨。則二者該如何辨別呢？

> 「問飲食之間，熟爲天理，熟爲人欲？曰：飲食者天理，要求美味人欲。」[82]

須注意，這裏的天理也不是理氣論中那超越的本體之理，而是指人受天所稟賦的生存本能的所以，如飲食，聖賢與不肖者都會具有的；然若要求配合自己口味而嗜食美味者卽爲人欲了。在這裏，天理和人欲仍是中性的意味、或許分別較偏向於善、惡一方，但朱子卻將它們運用爲善惡對立的代表而說「天理人欲不能共存」：

> 「人之一心，天理存則人欲亡，人欲勝則天理滅，未有天理人欲夾雜者，學者須要於此體認省察之。」[83]

那麼，這裏的天理人欲成爲互相對立者：「天理人欲常相對」[84]，天理變成飲食等生存本能發而中節的象徵，不中節卽成人欲，在人的每個行爲中，惟有中與不中兩者，天理人欲便互爲進

---

[82] 《朱子語類》，卷十三。
[83] 《朱子語類》，卷十三。
[84] 同[83]。

退存亡之勢:

「人只有箇天理人欲，此勝則彼退，彼退則此勝，無中立不進退之理，凡人不進便退也。」[85]

因此，一個人的生活上，若令人欲得到優勢，他整個人的修養人格便是退步了，這便是朱子所堅持的「不進便退」的道理。學問的第一步便是要存天理、遏人欲，卽:

「學者須是革盡人欲，復盡天理，方是始學。」[86]

我們從朱子對人心道心之界定討論到天理人欲的分辨。人心雖不至於全惡，但與人欲只有一線之隔而易流陷於其內，故須道心爲舵來操控指引；道心出於義理，乃是人性所本具者、人性復有本然與氣質之分，兩者朱子均又稱爲天理，但朱子爲強調學者須時時刻刻、戰戰兢兢地體察人心之危和道心之微，遂把人欲引爲惡的象徵，而天理便也相對地成爲善之象徵，這裏的天理便只是那出於本然之性的純善之理，天理和人欲處在進退消長之勢中，若不能阻遏人欲，便不能復現天理，人心也就不受道心之主宰而一任形氣流蔓爲惡了。

當本然之性之理被稱爲天理而尊崇爲善之象徵時，形氣之人心則易流於惡的人欲，恰恰呼應了朱子理氣觀中一貫的理優位之立場。

---

[85] 同[83]。
[86] 同[83]。

二、退溪的理論

我們已知，退溪在許多方面大體是繼承朱子的，然而退溪總是把朱子的二分架構執行得更徹底，因而招致栗谷的反對。在人心道心這議題上，退溪拿這二分和四端七情對比的作法，將成爲我們討論的重點。當然，這並不是說退溪把人心道心視爲二心，他說:

> 「分而言之，人心固生於形氣，道心固原於性命。合而言之，道心雜出於人心之間，實相資相發而不可謂判然爲二物。」87

儘管如此，他卻把人心配給七情，道心配給四端，這是出於回答李宏的問話中。李宏問說爲什麼已講了四端七情，卻又要再說人心道心，是不是有二個不同的道理？退溪便答道:

> 「人心七情是也，道心四端是也，非有兩個道理也。」88

然而這又引起了李平叔的質疑，李平叔以爲不可把人心道心視爲七情四端，退溪則說:

> 「人心為七情道心為四端，以《中庸》序朱子說及許東陽說之類觀之，二者之為七情四端，固無不可。」89

就退溪的道心與四端均由理而發的立場來看，道心的心是一貫始終且通貫無有爲的知覺，而四端之端則指知覺萌芽發源處的端緒，

---

87 《退溪全書》（二）。
88 《退溪全書》（二），頁 226。
89 上揭書，頁 259。

二者雖有差異，但其發出之後的結果並無不同，因而有學者認爲：這是栗谷想從人心道心實爲一心的前提下來區別兩者的企圖[90]。

當人心道心被配爲七情四端而分出後，退溪依從朱子再提出人欲，把人欲視爲是人心的變稱，其實就是人心被變稱爲人欲：

「人心者人欲之本，人欲者人心之流。夫生於形氣之心，聖人亦不能無，故只可謂人心，而未遽爲人欲也，然而人欲之作，實由於此，故曰人欲之本。陷於物欲之心，衆人遁天而然，故及名爲人欲，變稱於人心也。」[91]

此可見其追隨朱子之痕跡。由人心而人欲，便自然有了存天理遏人欲的說法產生，退溪甚至將之說成心學的總綱：

「心學雖多端，總要而言之，不過遏人欲存天理兩事而已，故戒懼以下所言諸說，不問已發與未發，做工與不做工，凡遏人欲事，當屬人心一邊；存天理事，當屬道心一邊可也。」[92]

凡此種種，皆可見得朱子的立場貫穿於其間。自然將朱子理氣二元的思想執行得更徹底的退溪也繼承了理貴氣賤的思想：

「理貴氣賤。然理無爲以氣有欲，故主於踐理者，養氣在其中，聖賢是也；偏於養氣者，必至於賊性，老莊是也。」[93]

---

[90] 《退溪全書》（二），頁 307。
[91] 上揭書，頁 259。
[92] 《退溪全書》（一），卷十六，〈答奇明彥・論四端七情〉（第二書）頁 417。
[93] 上揭書，頁 335。

我們極可能會有一疑問：理氣本是形上學的兩個形構世界之基本元素，爲何朱子和退溪卻給予它們一個價值的衡量？其實這可由人欲、天理這一組二元對分，通過人心、道心、七情、四端之區分，而終抵氣、理的對立。正因人欲之惡和天理之善，並且人欲乃人心之流，又人心爲七情，七情、四端分別發自氣、理，即：

「若以七情對四端而各以其分言之，七情之於氣，猶四端之於理也，其發各有血脈，其名皆有所指，故可隨其所主而分屬之耳，雖滉亦非謂七情不干於理，外物偶相湊著而感動也，且四端感物而動，因不異於七情，但四則理發而氣隨之，七則氣發而理乘之耳。」[94]

可知氣發者易流於惡之人欲，故而有氣賤理貴之結論。

退溪視理爲活物，理發之四端爲純善，天理、人欲的對分高舉了理之尊貴優位，在「存天理、遏人欲」的修養原則下，工夫論自然也採取時時刻刻遵崇天理的居敬。

三、栗谷的人心道心說及其特色

栗谷的人心道心說之構造延續其一貫之理氣觀點和四端七情等看法而來，栗谷對人心、道心的界定文字是：

「情之發也，有爲道義而發者，如欲孝其親欲忠其君，見

---

[94] 《退溪集》，卷十六，〈答奇明彥・論四端七情〉（第二書）。

孺子入井而惻隱，見非義而羞惡，過宗廟而恭敬之類是也，此則謂之道心。有爲口體而發者，如飢欲食、寒欲衣、勞欲休、精盛思室之類是也，此則謂之人心。」(95)

同樣地，人心、道心亦非二心：

「心一也。而謂之道謂之人者，性命形氣之別也。」(96)
「人心道心雖二名，而其原則只是一心。」(97)
「人心道心皆發於性而爲氣所掩者人心，不爲氣所掩者道心。」(98)

其區別只在於心之爲食色而發或是爲義理而發，以及由形氣而出或由性命而出。這些與朱子、退溪等並無差異。所異者在於栗谷更重視未分別時之「心」，這與他的心性情一路說有密切關係，栗谷以爲兩者皆發而爲情，並且「人心道心兼情意而言也」(99)。「且情是發出恁地，不及計較」(100)，這是說人心道心須包納情意來考慮，是在性發爲情之中加入商量計較的「意」。意具備相當的變動性，故有可能以道心始卻以人心終或以人心始而終爲道心：

(95) 《栗谷全書》，卷十四，〈人心道心圖說〉，頁 282。
(96) 《栗谷全書》，卷九書一，〈答成浩原〉，頁 192。
(97) 上揭書，頁 192。
(98) 上揭書，頁 193。
(99) 上揭書，卷九書一，頁 192。
(100) 同(99)。

「今人之心直出於性命之正，而或不能順而遂之，間之以私意，則是始以道心而終以人心也；或出於形氣，而不咈乎正理，則固不違於道心矣，或咈乎正理，而知非制伏，不從其欲，則是始以人心而終以道心也。」[101]

在這兒，栗谷注意到人類行爲的歷程的不定性，而指出一件事可能在初始時具崇高目的，若不能貫徹而雜以私意（可說是一念之差），那即使是出於道心也終將變成人心私欲了。反之，一件事雖出之於人心之需求，但若能跟從正理，則亦能說是道心了，這提醒我們不能光看一事件的發源處而忽略整個過程，這無疑是一項很深刻的洞見。再從栗谷的理氣元不相離和氣發理乘的形上原則來看，人心、道心絕非可截然二分而分配予氣和理，栗谷言：

「理氣渾融元不相離。心動爲情也。發之者氣也，所以發者理也；非氣則不能發，非理則無所發，安有理發氣發之殊乎？但道心雖不離乎氣，而其發也爲道義；故屬之性命；人心雖亦本乎理，而其發也爲口體，故屬之形氣。方寸之中初無二心，只於發處有此二端，故發道心者氣也，而非性命則道心不生；原人心者理也，而非形氣則人心不生。此所以或原或生，公私之異者也。」[102]

這段話將人心、道心和理氣的關係闡述得十分清楚，心本是理氣之合，心之發動只有氣發理乘一途，爲義理而發者稱道心，爲口

---

[101] 同[99]。
[102] 上揭書，卷十四，〈人心道心圖說〉，頁 282。

體人欲而發者爲人心，而此時必有理在其中。

因氣是有形有爲、變動不居的，故心亦具極大的可變性，道心絕不高高地位於人心之上，而是可能發以道心卻因一意之私而終爲人心的。到這裏，我們可知栗谷與退溪的初步差異在於退溪著重於分析人心、道心之善惡的靜態結構，而栗谷則描繪了人心、道心的動態以及可轉變的歷程，當然在和理氣關係上，他們早已有極大的不同。

栗谷對這一動態可互變的歷程進一步描繪如下：

> 「其發直出於正理而氣不用事，則道心也，七情之善一邊也。發之之際氣已用事，則人心也，七情之合善惡也，和其氣之用事，精察而趨乎正理，則人心聽命於道心也。不能精察而惟其所向，則情勝欲熾而人心愈危，道心愈微矣。」[103]

對人心、道心的消長互變中，必須精察氣之干預程度，即使本來爲形氣用事之人心，若能趨向正理，則能使人心接受道心的主宰。在這種互變中，「意」扮演一個關鍵角色，故修養者必須先「誠意」：

> 「精察與否，皆是意之所爲，故自修莫先於誠意。」[104]

以現代倫理學的立場觀之，退溪重於人心、道心之區別，而

---

[103] 上揭書，頁 193。
[104] 同[103]。

從其「發出處」（即可說是動機）的不同來判定善惡，無需透過經驗便在發出之前已決定，故可視爲一超經驗的動機主義者；而栗谷描繪一個動態的整體歷程，這是必須在經驗中展現的，而以人的行爲結果來判定，便成爲經驗的結果主義者。

至於天理、人欲這一組對立概念，栗谷也有論及，但他守著兩者的本來位置而未將之分別配給道心、人心：

> 「道心純是天理故有善而無惡，人心也存天理也有人欲，故有善有惡，當食而食，當衣而衣，聖賢所不免，此則天理也，因食色之念而流而爲惡者，此則人欲也。道心只可守之而已，人心易流於人欲，故雖善亦危，治心者於一念之發，知其爲道心則擴而充之……天理人欲極分曉，於學者工夫甚有益，但以人心專歸人欲，一意克制則未盡者。」[105]

明顯可看出，栗谷認爲人心內並存著天理、人欲，若是一昧以爲人心只有人欲，而一意想克制之是無法徹底的。正確的方式應體察人心裏微緲的道心，擴而充之，這全繫乎治心者的一念和一意之間了。

不管如何，栗谷和退溪仍有其共同點，也就是他們都想保持並擴充道心。前者從現實的、經驗的、動態的觀點來合視人心道心，便有了「誠意」的工夫論產生；後者則自理想的、超經驗的、靜態的角度去分視人心道心，而得出「居敬」的修養方法。

---

[105] 上揭書，卷十四，〈人心道心圖說〉，頁 282-283。

那麼，在共同的目標下，追求的方法和方法論也有了差異。

然而，這種差異並不是絕對的，我們不能輕率地便說退溪和栗谷分別是主理、主氣，這種截然的二分易於造成誤導。栗谷在其修己論中也有說「敬者聖學之始終」[106]，可見其也不忽略敬，無敬則誠意無所立。因此，筆者以爲，若能調和、綜合栗谷與退溪兩人的人心道心說，至少並論且對比之，則能使人心道心的意義變得更清楚，這也是本節所採取的論述方式之理由。

接下來，我們再進一步探討 栗谷之人心道心 理論的詳細構造，並且關切其與四端七情以及理氣論的關係。這些方面，栗谷在和牛溪的書信問答裏已闡述得相當透闢。

事實上，有關理氣元不相離、理無爲氣有爲、氣發理乘這些栗谷的理氣論之基本原則我們已不斷反覆提及，四端七情、心性情意論等在這個基本架構下而有許多獨特解釋，人心道心說又如何放到這個架構下來融會貫通呢？讓我們再回顧「心」的意義:人心是理氣之和，其發用之原則爲氣發理乘、和性情意之關係則是一體一路，在這個立場上引生得「性是心之體」「心是載性之器」，「心是性情意之主」「性發爲情」，以及「情是自發、意是情發而作商量計較底」……等說法，均強烈地明示心只是一，人心道心亦只是心發時所爲者或所從來的不同而有二名，這又是因爲心之具有商量計較的能力所致，然根源於性命之正者未必始終是固定的道心，發自形氣之私者也並不一直是固定的人心，商量計較的意在心發之整個過程中時時介於其間，而這意之運作正是商量計較著作爲心之用的情，計較的結果便是人的行爲，而被

---

[106] 上揭書，卷二十一，〈聖學輯要二〉，頁 432。

稱作是出自人心或發自道心。這樣的解說，相信可使每個概念都恰如其分地在整個理論中的適當位置上，這正是栗谷的整個理論之關鍵核心。

如果我們再考察栗谷之比對人心道心與四端七情的言論，以及二者之關係的說法，當使整個心性情論的輪廓內容更爲明晰透徹。栗谷說:

「心一也。而謂之道謂之人者，性命形氣之別也。情一也。而或曰四或曰七者，專言理兼言氣之不同也，是故人心道心不能相兼而相爲終始焉，四端不能兼七情而七情則兼四端。道心之微，人心之危，朱子之說盡矣。四端不如七情之全，七情不如四端之粹，是則愚見也。」[107]

「七情則統言，人心之動有此七者，四端則就七情中擇其善一邊而言也。固不如人心道心之相對設下矣。且情是發出恁地不及計較，則又不如人心道心之相爲終始矣。烏可強就而相準耶。」[108]

綜合兩段引文，栗谷對基於自身立場的四端七情和人心道心的區分理由提出淸楚精湛的說明。七情是諸情而統言者，它是在發出的當下而意尙未做任何商量計較的狀態之稱呼，四端則被包在七情內而屬七情中善的一邊，二者的分別是兼言氣和專言理的不同。然而人心道心的區分並非如此，它是因於形氣性命的相對來劃分的，二者又非固定而有相爲終始的可能。栗谷在這兒很明顯

[107] 《栗谷全書》，卷九，〈答成浩原〉，頁 192。
[108] 同[107]。

地是針對退溪的四端卽道心、七情卽人心之說法而發言的，所以他在最後指出不可將這二種劃分「強就相準」地硬性搭配起來。

既然人心道心是相對設下的，雖互爲終始，然畢竟是一心的不同狀況，故可作兩邊說。但七情四端卻非如此的兩邊，而是七情包四端的：

「蓋人心道心相對立名，旣曰道心則非人心，旣曰人心則非道心，故可作兩邊說下矣。若七情則已包四端在其中，不可謂四端非七情，七情非四端也，烏可分兩邊。」[109]

「大抵發之者，氣也。所以發者，理也。非氣則不能發，非理則無所發，無先後無離合，不可謂互發也，但人心道心，則或爲形氣或爲道義，其原雖一，而其流旣歧，固不可不兩邊說下矣。」[110]

在比較七情四端與人心道心兩個區分的差異後，栗谷進一步討論七情四端和人心道心的關係：

「七情之外更無四端矣，然則四端專言道心，七情合人心道心而言之也，與人心道心之自分兩邊者，豈不迥然不同乎？」[111]

雖然這段話仍在強調七情四端不能像人心道心那樣分兩邊看，但已涉及了四端是專指道心來說，而七情則合言了人心道心，這一

[109] 上揭書，卷十書二，〈答成原浩〉，頁 199。
[110] 上揭書，頁 198。
[111] 上揭書，頁 199。

點其實早已相當明顯了。

再就善惡的價值論來看，固然四端和道心純然爲善，但人心及七情卻也兼有善惡，那麼道心之善與人心之善是否在相同的水平上？兩者是否有質的差異？栗谷的看法是：兩種善是同等價值的。這個觀點表露在他四十七歲，宣祖十五年時，依王命所製進的〈人心道心圖說〉中：

「孟子就七情中剔出善一邊，目之以四端，四端卽道心及人心之善者也。（中略）論者或以四端爲道心，七情爲人心，四端固可謂之道心矣，七情豈可只謂之人心乎？七情之外無他情，若偏指人心則是舉其半而遺其半矣。」⑫

栗谷在這裏並沒有分別道心及人心之善是不同的，他應該視之爲等質（同爲四端）。如此一來，人心一方面和道心相對分說，一方面又兼有和道心之善相同的人心之善，這豈不等於說人心亦兼包道心了？而七情既兼言了人心道心，那七情也可說等於兼包了道心的人心了？儘管如此，栗谷卻依然堅持人心、道心的互不相攝而相對立，和人心、道心互爲終始之說。

再就人心、道心的終始說來看，這意味著人心可聽命道心而終爲道心；道心則會雜以私意而降爲人心，須視人心修己努力和誠意與否來相互轉變，既然人心可聽命道心，它本身不是應該就包兼了道心了？這裏便產生一個困難⑬。

---

⑫ 《栗谷全書》，卷十四，〈人心道心圖說〉，頁 282。

⑬ 對於栗谷之人心道心的邏輯起疑心之現代學者有李丙燾博士和裴宗鎬博士，當然金敬琢博士亦言及此問題，本文接受裵宗鎬博士的解說。

裴宗鎬博士很詳細地論述了栗谷的這個難點，他說：

「……人心之善亦是性命之正，道心之善亦是性命之正，則人心之善包攝道心之善；如此說來，人心之中可兼包道心。那人心包道心與栗谷持論之七情包四端，氣質之性包本然之性的性情構造是一致的。這樣一來，當然便不是栗谷的人心道心相對說，所以其所謂的人心道心終始說亦為之崩潰。」[114]

爲什麼栗谷會有這個理論上的困難呢？其根本原因在於栗谷以已發之心爲中心而上溯其根據，把據義理的性命之正而發者稱之道心，據食色本能之形氣而發者稱人心，便拘泥在兩個名稱的概念形成之間[115]，忽略了人心有善則此善亦當是據義理而出（這「根據」並不是「根源」），於是有此困難的產生[116]。

儘管栗谷的理論有此困難，卻依然是一有價值的學說，而且這個困難只緣於栗谷之拘執於概念形式而已，只要我們稍稍鬆動一下栗谷對人心道心相對的堅持，卽可解決之。而這個學說的意義在於其引伸而來的誠意之工夫論上，面對道心在發出後，總是有可能因私意之介入而墮爲人心，因而必須以不斷惕勵的方式來誠已意。

而栗谷之不依循退溪，不把人心等同於人欲視之爲惡這點，在當時的性理學的氣氛中，不能不說是一異數也是一眞知卓見。

---

[114] 裵宗鎬，《韓國儒學的課題與展開（I）》，頁 26。
[115] 上揭書，頁 264-265。
[116] 李丙燾，《國譯栗谷全書精選》，（栗谷先生紀念事業會，1955年），頁 27（韓文文獻）。

第五章　修己的實踐論

第一節　修己與立志

栗谷之修己的實踐論以立志爲最先，在其〈聖學輯要〉開頭的修己條目中明白列出立志爲首：

「學莫先於立志，未有志不立而能成功者。故修己條目以立志爲先。」❶

我們可在栗谷著作的許多地方找出有關立志的發言而知他是多麼重視立志。栗谷在二十歲時曾於金剛山修習佛教，回來後作自警文序頭卽言：「先須大其志，聖人爲準則，一毫不及聖，則吾事未了」❷，然後才進而言定心、戒懼、愼獨、誠意……等。又在他三十九歲時所寫的〈萬言封事〉再次強調：「今進修己安民之要，一日奮聖志期回三代之盛」❸，欲勸君主奮發其志。四十歲作〈聖學輯要〉，以立志爲修身之首先，再以四節之文闡述之，第一節爲泛論，第二節是立志之目，第三節則爲立志的功效，第四節言立志之反。在四十一歲時所作的〈擊蒙要訣〉更建「立志章」，我們引文如下：

---

❶　《栗谷全書》，卷二十，〈聖學輯要〉，頁 428。

❷　上揭書，卷十四，〈自警〉，頁 300。

❸　上揭書，卷五，〈萬言封事〉，頁 102。

「初學先須立志。必以聖人自期，不可有一毫自小退託之念，蓋衆人與聖人，其本性則一也，雖氣質不能無淸濁粹駁之異，而苟能眞知實踐，去其舊染而復其性初，則不增毫末，而萬善具足矣。衆人豈可不以聖人自期乎？故孟子道性善而必稱堯舜以實之，曰人皆可以爲堯舜，豈欺我哉。當常自奮發曰人性本善，無古今智愚之殊，聖人何故獨爲聖人，我則何故獨爲衆人耶？良由志不立知不明行不篤耳，志之立知之明行之篤，皆在我耳，豈可他求哉！顏淵曰舜何人也，予何人也，有爲者亦若是。我亦當以顏之希舜爲法。人之容貌不可變醜爲妍，膂力不可變弱爲強，身體不可變短爲長，此則已定之分，不可改也。惟有心志，則可以變愚爲智，變不肖爲賢。此則心之虛靈，不拘於稟受之故也。莫美於智，莫貴於賢，何苦而不爲賢智以虧損天所賦之本性乎？人存此志，堅固不退，則庶幾乎道矣！」❹

當然，立志只是第一步，接著還必須勇猛向前，在「革舊習章」中他說：「人雖有志於學，而不能勇往直前，以有所成就者，舊習有以沮敗之也」❺。栗谷和秋霜一樣地把立志和理氣論關聯起來。理氣是構成世界的最基本元素，人當然也不例外，而實踐最重要者在於超越人所受形氣的限定，掃去氣之掩蔽，顯露出人稟賦的本然之理來。因此只有檢束氣才能以本然之氣來顯現本然之

❹ 《栗谷全書》，卷二十七，〈擊蒙要訣・立志章第一〉，頁 82。
❺ 上揭書，「革舊習章第二」。

理，因爲志是氣的統帥：「志者氣之帥也」❻，所以首先要立志而能檢束形氣，再進而革除所染有的舊習氣。

理並不能够單獨存在，我們也不能單單掌握理便有正確行爲，而是必須要變化氣質，讓理從被掩蔽狀態中自然呈顯。可見得立志亦是理氣論所引生的實踐論下必然的一環。

立志在於約束先天稟賦的氣質，使之不潰決橫流，但氣質中仍有濁駁舊習部分，這須靠革舊習來改變之，舊習有八種，卽：

> 「其一惰其心志，放其儀形，只思暇逸，深厭拘束；其二常思動作，不能守靜，紛紜出入，打話度日；其三喜同惡異，汩於流俗，稍欲修飾，恐乖於衆；其四好以文辭，取譽於時，剽竊經傳，以飾浮藻；其五工於筆札，業於琴酒，優游卒歲，自謂清致；其六好聚閒人，圍碁局戲，飽食終日，只資爭競；其七歆羨富貴，厭薄貧賤，惡衣惡食，深以爲恥；其八嗜慾無節，不能斷制，貨利聲色，其味如蔗；習之害心者，大槩如斯。」❼

舊習將可能時時干擾我們已立之志，故必須有壯士斷腕的決心：「必須大奮勇猛之志，如將一刀，快斷根株，淨光心地」❽。

我們引用如此長的原文目的在於闡明栗谷對氣的深湛觀察，然這不代表他就是主氣論者，而是在現實上明瞭人所受氣的限定眞相，而理雖是氣之主，卻是無形無爲，故我們只能透過有形有爲的氣之檢束和變化讓純粹本然的理自然顯露。

---

❻ 上揭書，卷二十，〈聖學輯要〉，頁 431。
❼ 上揭書，卷二十七，〈擊蒙要訣〉。
❽ 同❼。

占栗谷生平的最末幾年之大部分時間的著述〈學校模範〉凡十六條中，也以立志爲首條：

「一曰立志，謂學者先須立志，以道自任，道非高遠，人自不行，萬善備我，不待他求，莫更遲疑等待，莫更畏難趑趄，直以爲天地立心，……至於毀譽榮辱利害禍福，一切不動其心。」❾

甚至在君王的筵席上，栗谷也從不忘其一貫的主張而向君王陳說立志應堅定不移，進而以敬窮理力行❿。

栗谷對立志的強調是其來有自的，可說是由於他對理氣之妙的透徹領悟，並且加上自己的體驗與自覺。

在和弟子的問答記載中，一再地顯示栗谷對立志的格外重視已超越先賢：

「問：立志先賢多泛論，先生作書立言，每每首言此，何意？曰：非立志則萬事不成。」⓫

又有弟子問應如何才能立志？栗谷答曰：「誠則志自立，而以敬持之可也」⓬，不過此處的「誠」並非指「誠本身」，從他解釋朱子的不誠無物而回答門人的話中：

「問：誠無爲之誠，其指性之本體，而不誠無物之誠，有著力底意思耶……曰：此以在人者言之，故有勉強底意思也。」⓭

---

❾ 《栗谷全書》，卷十五，〈學校模範〉，頁 330。
❿ 上揭書，卷二十九，可看出栗谷與君王對話處處強調立志。
⓫ 上揭書，卷三十一，〈語錄〉，頁 252。
⓬ 同⓫。
⓭ 《栗谷全書》，頁 232。

看來，這誠字應看作是誠之者的誠，即勉力之意較爲妥當。

由立志而關聯到誠，又立志是商量計較的意對氣的檢束，那麼「誠則志立」，即可說是「誠意」，於是便關聯到他修己論的核心「誠意正心」，這我們將在下文討論。

立志是成功的根本，栗谷說：「志一則氣無不動，學者終身讀書，不能有成，只是臣志不立耳」⓮，志之不立，原於三病：

> 「其病有三，一曰不信，二曰不智，三曰不勇。所謂不信者，聖賢開示後學明白諄切，苟因其言，循序漸進，則爲聖爲賢，理所必至，爲其事而無其功者，未之有也。彼不信者，以聖賢之言爲誘人而設，只玩其文，不以身踐，是故所誦者聖賢之書，而所蹈者世俗之行也。所謂不智者，人生氣稟，有萬不齊而勉知勉行則成功一也。彼不智者，自分資質之不美，安於退託，不進一步，殊不知進則爲聖爲賢，退則為愚爲不肖，皆所自爲也，是故所讀者聖賢之書；而所守者氣稟之拘也。所謂不勇者，人或稍知聖賢之不我欺，氣質之可變化，而只是恬常滯，故不能奮勵振發，昨日所爲，今日難革，今日所好，明日憚改，如是因循，進寸退尺，此不勇之所致……」⓯

人若不信聖賢之能成，不知氣稟之可改變，不勇於奮發革新，乃是不願、不想、不能立志成聖賢的三大弊因。必須革除這三大弊因，才能有志於聖學。

⓮ 上揭書，卷二十，〈聖學輯要〉，頁 431。
⓯ 同⓮。

立志的最重要目的與功用在於檢束形氣，以求能積極地進而變化氣質，變化氣質爲程朱以降所有的性理學者之通論，而栗谷置立志爲先，可說是一深刻的洞視。

第二節　成聖與天人合一

立志是立下成聖人的志向，成聖人正是實踐論的終極目的，也是儒學之被稱爲聖學的來源。栗谷的理氣論再怎麼複雜，也是在爲這一成聖目的建立一形上基礎，並且對聖人本質提供一理論解析。然而，理氣論一方面解釋了世界的構造，一方面又解釋了聖人的本質，聖人和世界之間便隱然有某種關聯。世界在古人的觀念中常以天地來代表，而「天地，聖人之準則；而聖人，衆人之準則也」⑯，聖人提供了衆人修養的準則，天地更做爲聖人的準則，但旣曰聖人，表示他已完成實現了天地之道，也就是他已處在於一「天人合一」的狀態中，天人合一遂成爲一最高的價值所在。

那麼這實現了天人合一的理想之聖人是怎樣的一種人呢？栗谷指出：

> 「人之中有聖人者，獨得至通至正至清至粹之氣，而與天地合德，故聖人亦有定性而無變。有定性而無變然後斯可謂之踐形矣。」⑰

---

⑯ 《栗谷全書》，卷十，〈答成浩原〉，頁 197。
⑰ 同⑯。

成爲聖人有其條件步驟:

> 「惟人也得氣之正且通者，而清濁粹駁有萬不同，非若天地之純一矣。但心之爲物虛靈洞徹萬理具備，濁者可變而之清，駁者可變而之粹，故修爲之功獨在於人，而修爲之極至於位天地育萬物，然後吾人之能事畢矣。」⓲

儒學一貫強調人人皆可以成聖，然並不表示聖人極易成就，而儒學者們對聖人的描寫如此崇高偉大，也可能引起人們的錯覺：聖人之不可及的，栗谷強調:

> 「低看聖人固不可，求聖人於高遠怳惚之境尤不可也。愚則以爲物極其格，知極其至，意極其誠，心極其正者，聖人也。」⓳

然思而理解並非是知的極盡，努力合於中道並非行的極盡，不思而得不勉而行的人，才是聖人。換句話說，這是聖人和人之做爲誠者與誠之者的差異。

修己論的目的正是在於討論做爲誠之者的常人，如何而能通達誠者之境，而完成成聖和天人合一的理想。

⓲　同⓰。

⓳　《栗谷全書》，卷九書一，〈答成浩原〉，頁 189。

第三節　實理、實心與誠

栗谷的誠論是實踐與天人合一之間的中介，因而誠既非只是一種工夫也不是客觀的實體。他是站在貫通天道人道的孔子之一以貫之的態度來解釋誠。

栗谷的討論題材包括了大學的「誠意正心」，中庸的「誠者天之道，誠之者人之道也」，以及孟子的「反身而誠」，和孔子的忠信。他以爲聯繫天之道的誠者和人道的誠之者的媒介是聖人。而天道與人道的差別是:

> 「自然而然者天道也，有爲而然者人道也；眞實無妄者天道也，欲其眞實無妄者人道也。」⑳

可說天道是自然的、已實現了的，而人道是想去實現天道而努力著的。栗谷進一步地說明:

> 「體於物則天高地厚，日月代明，四時錯行；體於人則父慈子孝，君義臣忠。出於性分者，天道也，使天地定位，日月不失其度，四時不失其行；父勉於慈，子勉於孝，君盡其義，臣盡其忠，出於職分者，人道也。天道卽實理，而人道卽實心也。」㉑

---

⑳　《栗谷全書·拾遺》，卷六，〈四子言誠疑〉，頁 582。
㉑　同⑳。

栗谷在這兒提出了實理、實心這兩個概念，而「實」字卽和「誠」字有密切關係的。而從中庸的「誠者天之道，誠之者人之道」來看，天道正是實理之誠，而人道則爲實心之誠，實理之誠是聖人之所以然，聖人因實心之誠而爲聖人。栗谷又強調實理之誠爲實心之誠的先決條件，他指出：實心之誠若無實理之誠則不存，而聖人是實心之誠與實理之誠一致者㉒。那麼常人應如何實踐以通抵達至實理的天道呢？由人道是實心，聖人是以此實心而實現實理的天道者來看，實心乃是常人和聖人的公分母，若常人能努力透過實心而使其一致於自然而然的實理，卽成爲聖人，便是實現了天道了。這個實踐的具體過程栗谷詳細地描述如下：

> 「聖人氣禀清明道理，渾然體此而生之安行，此乃自誠明者。而孟子所謂萬物皆備於我是也。然則中庸之誠者，豈非實理之誠乎？實心之誠則大賢以下氣禀未純乎清明，而不能渾全其天理，性情或牽於人欲，而不能百行之皆實，故不明善。」㉓

儘管在大賢以下的常人不能百行皆實，仍不明善，但若：

> 「相爲終始學者，當以誠其意爲用功之始，而戒愼恐懼於不聞不覩之地，主於忠信，而使日用之間，動靜云爲皆出於實心，然後可以心廣體胖，仰不愧天俯不怍人，反身而

㉒　同⑳。
㉓　同⑳。

誠矣。」㉔

聖人是自誠則明者，君子若反身致誠亦能達於誠者；聖人全體是誠，常人則只有一端之誠，然透過誠之修習而可以爲聖人，這便昭示了常人與聖人的同質性和人的無限可能性。

而在這人的修習過程中，實心是一非常重要的關鍵。雖然人之氣質有清濁粹駁之別，此心卻是虛靈洞徹者而具變化氣質的能力。實心則明白點出此心之實與誠者，故而常人須日用事間、動靜云爲皆出於實心，才能擴充心體㉕，可知聖人之工夫無法須臾離開實心的。

栗谷在形上學的地方是由天道下落於人道，但在價值論的部分則反之，以人道之實心來上通於天道之自然而然的實理。可見得天道與人道互不相離，就像理氣之不相離一般，天道同樣也是無形無爲，而人道卻是以有爲來達至無爲之境。這是因天道是被人所知曉的，它使人道得以擴充，若說道體是有爲，則便不能說是誠者，而努力成爲誠者的有爲之人亦無法說是誠之者了。

因此，雖說天道人道不相離，但其不相離的模式仍不同於理氣不相離的模式，人畢竟是做爲誠之者，只是天道的奉行者、遂行者，他是對誠者的追求來與萬物成爲一體的。誠字貫串了天道人道、萬物工夫、聖人常人，所以栗谷說：「不誠無物。聖人性此誠也，君子反此誠也。」君子是在從事著反省而圖實現誠的人，他雖不及聖人天性而誠，但已在往誠者的路途中，又高於尚

㉔ 同⑳。
㉕ 《栗谷全書》，〈革舊習章第二〉。

未進行實踐修習的常人，而君子的反此誠也相當於擴充良心、恢復本性，就像栗谷所言的：「人性本善而眾理見焉，擴充其良心」㉖。

現在我們再關聯理氣論來探討誠論。

人與人心均係理氣之合，人所稟賦的本然之理爲駁濁的形氣所掩蔽而不能自如地顯現，故須變化氣質。變化氣質由「誠意」下手，也是誠之者通達誠者的工夫。「意」是氣發而有商量計較者，「誠意」便是使此意據誠之理而商量計較之，也就是必須使理之誠者來主宰意，即檢束控制氣，那這是由氣之一方入手，有學者也同意：「誠者爲天道，據其本然之誠；誠之者爲人之道，卽圖努力成爲聖人者。強調理而試圖從敬入手尋求實踐工夫的是退溪；關心氣之作用而著眼於志意的重要性，故強調了立志的是栗谷的特色」㉗。

到此，我們已提出了誠之於天道人道、實理實心、聖賢常人、以及理氣等之間的問題，然則「誠」做爲實踐的要目究竟何謂也？栗谷說：

> 「誠者眞實無妄之謂，而有實理之誠有實其心之誠，知乎此則可以論乎誠矣。」㉘

誠，即是眞實無妄，那末對於天、人而言，便有眞實無妄的理和眞實無妄的心，它們的功用分別在於：

㉖ 《栗谷全書》，頁 581。
㉗ 朴鐘鴻，《韓國思想史論巧》（瑞文堂，1977 年），頁 200。
㉘ 《栗谷全書・拾遺》，卷六，〈四子誠疑〉，頁 581。

「對天以實理而化育之功，人以實心而致感通之效。所謂實理實心者不過曰誠而已矣。純乎天理而得誠之全者，聖人也。」㉙

有學者進一步在本體論上解釋實理和實心爲：「所謂實理是本體論的用語，指天道之卽體卽用的化育；所謂實心則是謀求生命之我的現實生活中突破、消除氣稟之拘礙或氣質的偏僻，而意味著回歸純粹的天理」㉚。也就是說，建立在實理與實心上的誠之工夫，正是要使墮在氣質中的本然之性，卽純理本身，恢復其本然狀態，栗谷稱之爲：「充其實心而反乎實理」㉛，那麼由實心到實理的具體詳細之工夫爲何？卽是在以不欺之心而至無妄：

「眞實無妄者理之本然，而所以至於無妄者，亦以不欺之心充之耳，其所以致中和位天地育萬物者，雖有莫測之用，莫大之效，而用功之始，則必本於謹獨。」㉜

要達於位育天地萬物的莫大之功效者，用功的第一步，就是謹愼戒懼，讓不欺在心中擴充。

我們將此工夫次序重新整理，使之條理井然。首先在具體的作法上是臨事謹愼戒懼，而能夠事事不欺，便是有了眞實無妄的實心，擴充此實心到極致，便能一致於實理而參天地之化育，這便是整個誠的工夫論和本體論。

㉙ 上揭書，卷六，〈誠策〉，頁 570。
㉚ 蔡茂松，《退栗性理學的比較研究》，頁 133。
㉛ 同㉙。
㉜ 同㉙。

一些學者紛紛從各個角度來解釋誠論，如誠總是和實連結在一起，故可稱爲「誠實」㉝；誠實必是指心中的實在無虛，它是眞實無虛、純一無雜的㉞；則心中的所念所思均無半分私意邪僻，因而亦可用「思無邪」來了解誠㉟。

總之，誠在栗谷的實踐論裏扮演著相當重要的角色，幾可說，聖學的修習，全在於誠耳，栗谷不斷地強調：「君子之學，誠篤而已」㊱，「非誠無以存天理之本然」㊲，「志無誠則不立，理無誠則不格，氣質無誠則不能變化」㊳。凡此種種，均可見及「誠」的關鍵性。

第四節 致中和

上節我們討論誠和實理、實心的關係，透過實理、實心來了解的誠，是在於闡明天道與人道的合一。誠本身卽具有本體論和工夫論的雙重意義。現在，我們將再討論誠和它的另一理解途徑：致中和。這是將誠置於心發爲情的層面上來看待的。

致中和首出於《中庸》：

「喜怒哀樂之未發謂之中，發而皆中節謂之和；中也者，天下之大本也；和也者，天下之達道也。至之中和，天地

㉝ 金敬琢，《栗谷研究》（韓國研究圖書館，1960 年），頁 162。
㉞ 孫仁珠，《栗谷的教育思想》，頁 26。
㉟ 《栗谷全書》，卷二十六，〈聖學輯要〉，頁 479。
㊱ 《栗谷全書》，卷二十二，〈聖學輯要四〉，頁 495。
㊲ 《栗谷全書・拾遺》，卷六，頁 584。
㊳ 同㊲。

位焉，萬物育焉。」㊴

致中和卽是極盡中與和之意，中是喜怒哀樂等情之未發，和則是發而中節。極盡中和時，天地各在其位，萬物欣欣向榮。

栗谷曾在〈聖學輯要〉中力言致中和的重要及功效：

「臣按聖賢之學，不過修己治人，而已今輯《中庸》《大學》首章之說，實相表裏而修己治人之道，無不該盡。蓋天命之性，明德之所具也；率性之道，明德之所行也；修道之教，新民之法度也。戒懼者靜存而正心之屬也，愼獨者，動察而誠意之屬也；致中和而位育者，明德新民止於至善而明明德於天下之謂也，但所及有衆寡而功效有廣狹，致中和之功，止於一家，則一家之天地位、萬物育，而明德明於一家。（自註，一家豈別有天地萬物乎，只是父子，夫婦兄弟，各正其分，是天地位氣象，慈孝友恭唱隨，各盡其情，是萬物育氣象）止於一國，則一國之天地位，萬物育，而明德明於一國。及於天下，則天下之天地位，萬物育，而明德明於天下矣。三代之後，一家之位育者，世或間出，而一國天下之位育者，寂寥無聞……」㊵

在這裏，栗谷結合《大學》與《中庸》而舉論闡明了天命之性、率性之道、修道之教、戒懼愼獨、致中和、明德新民……等二書中所出現的概念，進而將它們綜合起來成爲一整體。但其基調是

㊴ 《中庸》首章。
㊵ 《栗谷全書》，卷十九，〈聖學輯要一〉，頁 426。

透過《大學》來解釋《中庸》，這可由〈四子立言不同疑〉中看出。栗谷說：「對隨時說教，而各有其旨者，聖賢之言也。前後一揆，而無所不同者，聖賢之道也」❹❶，聖賢的旨意雖因時因地而有不同的說道設教，然而道卻是同一的。栗谷對聖賢之言做了許多綜合和闡發，卽本此原則而來的。讓我們再來看看栗谷對「四書」：《論語》、《孟子》、《大學》、《中庸》的定位爲何？

「愚請申之：《大學》明道之書也，極規模於其外，盡節目於其內，欲使學者自明其天之明命以及乎天下，而其旨則不外乎敬一字而已。《論語》入道之書也，因門人之進學量其才，而篤焉欲使學者，全其本心之德，以立其根本，而其旨則惓惓於仁之一字而已。《孟子》衛道之書也，扶旣衰之聖教斥橫流之邪說，因人性之本然遏人欲於將萌，則其旨在乎存天理而已。《中庸》傳道之書也，究性命之蘊奧致中和之極功，費而至於配天，隱而至於無聲臭，則其旨豈在於誠之外哉？敬也者學者之所以成始成終者，誠也者教者之所以成己成物者也。」❹❷

栗谷援引傳統看法，將四書視爲孔子、曾子、子思、孟子一脈相傳的著作，故有謂：

「夫子之道傳乎曾氏，而子思孟子皆得曾氏之傳，則所言

❹❶　《栗谷全書・拾遺》，卷六，〈四子立言不同疑〉二首，頁582。
❹❷　同❹❶。

之旨，皆有不同之同、不一之一矣。」㊸

這四子雖言有不同，卻有不同中的同者，就他們的言論集或著作之思想特徵來看，《論語》言「仁」，《孟子》強調「心」，《中庸》則論「誠」，《大學》主「敬」，雖各自互異，然:

「蓋仁者，吾心之全德而萬善之長也。心者吾身之主宰，而性情之統也。非誠無以存天理之本然，非敬無以檢一身之主宰，則仁果不出於性乎？心果不兼於德乎？而誠敬之理，所以不離於仁之中心之上者，於此亦可見矣。由是觀之聖賢之言，雖若有異而前後之道，未嘗有二致焉。爲學而不知所以爲仁之道……」㊹

四者所明之道皆爲一致的。栗谷卽遵循此意旨，而將《大學》與《中庸》結合起來論說。

以上我們考察了栗谷以《大學》闡釋《中庸》的原因，而這牽涉了栗谷對致中和的理解，可說他將四書融會貫通而不會拘於一家之言。

朱子曾對舉中庸和中和來詳細解剖中、庸、和三個概念之間交錯複雜的體用關係:

「以性情言之謂之中和，以禮義言之謂之中庸，其實一也。以中對和而言，則中者體，和者用，此是指已發未發而言。以中對庸。而言，則又折轉來，庸是體，中是用。

㊸ 同㊶。
㊹ 上揭書，頁 584。

如伊川云中者，天下之正道，庸者天下之定理是也，此中卻是時中執中之中，以中和對中庸而言，則中和又是體，中庸又是用。」㊺

在這兒，中庸是一種義理，不過栗谷並未特別重視此種義理，而只專注於中和上，並且他不只把中視爲只有在「吾心之中」，還包括了「事物之中」，致中和的目的在於達到《大學》裏所說的至善。如此，中和至善必有其關係，栗谷和牛溪的討論中引玉溪盧氏之言而說:

「至善太極之名而明德之本體，得之於天而有本然一定之則者，至善之體乃吾心統體之太極也，見於日用之間，而各有本然一定之則者，至善之用，乃事事物物各具之太極也。以此觀之，至善之體非未發之中耶！至善之用，非事物上自有之中耶?」㊻

太極論中的太極就價值論上言之卽是至善，至善又因於體用關係之架構而分至善之體與至善之用；而太極是理也卽是本然之性，此性與氣合而爲心，心發爲喜怒哀樂……等情，情之未發則稱爲中，卽是性是理，也卽是至善之體。至善之用則是事物自有之中，也就事物各自具有的太極、分殊之理。人生之目的便如《大學》所言一般在「止於至善」。栗谷以此至善之體用再來解釋《中庸》的「天命之謂性、率性之謂道、修道之謂教」這段話:

㊺ 《朱子語類》，卷六十三，〈中庸二第二章〉。
㊻ 《栗谷全書》，卷九書一，頁 187。

「蓋至善之體卽未發之中，而天命之性也；至善之用卽事物上自有之中，而率性之道也；止於至善者卽時中之中，而修道之教也；至善上分性道而著教字不得者。至善是專指正理不兼人事而言故也（自注：惟止於止善者乃人事也德行也），中字上通性道教，而言者中字兼性情德行而言故也（自注：中有二義，而聖賢之言中多指行處）。」㊼

栗谷以爲至善可因體、用而分性、道，但因至善專指正理而不論及人事（人事不能說是至善），故不能把「教」字用於其上，但教的目的是在止於至善；而中則意謂不偏不倚、無過與不及之正理，中字便能通性、道、教三者。

上文論述了栗谷之解釋致中和的背景，接下來我們將看栗谷如何地說明「致中和」本身的意義：

「自注：中者性之德也，大本也。和者情之德也，達道也；時中者，致中和者也，立大本而行達道者也。毫釐間不可有差。」㊽

中是性的德目，和是情的德目，適時而發且中節者爲時中，卽是致中和。對栗谷來說，情之發總是因事物而起，故中和在於吾人之情與事物各具之性相一致，當它被達致極盡時，便是止於至善了。栗谷進而詳言：

「至善卽吾心與事物上本然之中（自注：同實處，至善是

㊼ 同㊻。
㊽ 同㊻。

當然之則也，必先見吾心之則，然後可以知事物之則矣。若曰吾心雖有則，而所重在事物上云，則事物之則反重，而吾心之則反輕也。大學工夫，豈不輕體而重用，輕內而重外乎？千萬不是，更宜商量。何謂吾心之則，未發之中是也，何以見之？能敬則見之矣。故程子曰，未有致知，而不在敬者。），而專指正理而言（異指處）。中卽不偏不倚無過不及之正理（同實處），而兼指德行而言（異指處）。中庸之理是至善也，中庸之行是止至善也，中和是至善之體用也，致中和是止至善也。」㊾

這兒栗谷的自注最爲耐人尋味，他指出至善做爲當然之則必然是先在吾人內心中尋求，然後才可知外物之則，如果著重在事物上立說的話，那豈非大學的工夫是輕體而重用、輕內而重外了？栗谷力言絕非如此，並勸牛溪要再多加商量。知事物之則是格物致知的工夫，它是吾心之則的用，吾心之則是未發之中，只要能「敬」便能見之，也才能進而致知。格物致知是大學八條目中的工夫，其最終目的在止於至善，敬而能致知，致中和而止於至善。可見得致中和和止於至善是一致的，如此融合了《大學》和《中庸》，而吾心之則的未發之中和事物之法則內外合一，栗谷的心物一元觀也由此而得見。

這種內、外合一觀也展現在「大本」、「達道」這一組概念上，吾人內心的未發之中是大本，由大本發而爲情，和於事物之中則稱達道，兩者是體用關係。

㊾　同㊻。

現在，我們再將問題轉到中是否有固定形體？栗谷一貫認為中包括了內心之中和事物之中，若中只是指在內心者，那麼它便會有定體，而事實上中是無定體的：

「先儒多設中無定體，若只以在心者謂之中，則未發之中，實體一定，烏可謂之無定體耶？」㊿

中不會光指我們內心之中的，吾人內心之中應物而發，一致於事物之中，事物無窮，中便也無定體可言，這也是先儒所一貫認為的。而且古聖賢言中者，大抵指中之用，即事物之中而言：

「從古聖賢之言中者，多指其用，或曰執中，或曰時中，皆指達道。」51

中既無定體，並且有各式各樣的事物隨時隨地環繞著我們來觸動我們，若能正確地掌握事物的不偏不倚之道來感應，或是適時適機地應物發用，便可說是達道了。故朱子釋「時中」曰：

「中無定體隨時而在，是乃平常之理也，此指達道而言也。其曰君子知其在我，故能戒謹不睹，恐懼不聞（此則致中），而無時不中（此則致和），此指行達道而言也。達道，是時中之道也；行達道，是時中之行也。君子之能行

㊿ 上揭書，頁 189。
51 同㊿。

達道者，未有不能立大本者也。」[52]

達道可說是時中的目的，努力去實現達道便也是在實行著時中的工夫，若我們能將用的一面發揮極盡（行達道），便能建立起本體（立大本）。

綜合上述，栗谷一方面說須先知吾人內心之則，而後方能知事物之則，這是知體而知用；一方面卻又說能行達道則能立大本，這是行用而立體；如此我們能淸楚地了解栗谷要求吾人先體驗內心（以敬）然後知外物之則，再於實行上能實現執中、時中以至於達道，便能反過來立吾人之大本，也就是恢復本然之性。這無疑是一很詳實具體的工夫步驟。也是爲了引導衆人入聖門而提出來的。

衆人需要這麼一工夫步驟的理由在於：

「衆人之心昏昧，則必散亂大本不立，故不可謂之中也，幸於一瞬之間，或有未發之時，則卽此未發之時，全體湛然與聖人不異矣。惟其瞥然之際，還失其體昏亂隨之，故不得其中耳。其所以昏且亂者，由其拘於氣質故也，若曰拘於其質，而不能立其大本則可也。」[53]

衆人因氣質所拘之故，而有昏昧散亂，故不能得其中也不能立大本。但是人人內心均有一未發之中，在未發將萌之際，它的全體是淸粹湛然的和聖人並無差別，也就是人人心中所具之善端，正

---

[52] 同[50]。
[53] 上揭書，頁 194。

因有它，所以吾人能循修習實踐來擴充它，然後應物而致中和止於至善。

至於聖人，因他稟賦了天地間的清且粹之氣，最爲卓越，是實踐了所有至善之體用而致中和者，聖人之達於至善能够不思而得、不勉而中，而且不論在動靜、未發已發之際均能自由自在，「從心所欲而不踰矩」。凡人不能如聖人般自然而然地達于致中和之境，需思得且勉中，思的工夫是格物致知，行的工夫是誠意正心，當這知行達於極盡時，便能自然而然地不思而得、不勉而中就像聖人一般，也就是處在聖人之境了。

人是價值的實現者與負擔者，價值的最高處是至善，達於至善的工夫可由誠和致中和二路來論述，誠橫跨了本體論與實踐論兩者，著重於心性；致中和則在於強調使情發而中和，二者的目的都是一樣的，即在於變化氣質恢復本性。

第五節　矯氣質

栗谷說：「既誠於爲學，則必須矯治氣質之偏，以復本然之性」[54]。矯氣質有兩種意義，一是就人之構造爲理氣所構成的本體論上言之，即同於變化氣質，另一是就人所稟賦之濁駁氣並且又於後天染上惡之習氣的現實來看，故須革除此舊習氣，這是工夫論上的意義。這二種意義恰爲一體用關係。栗谷以爲：矯氣質有三個原則：⑴氣質不同矯治方法亦不同；⑵矯氣質首先須克己；⑶矯氣質之功在於勤勉[55]。栗谷是從聖賢之言而歸納得這三

---

[54] 《栗谷全書》，卷二十一，〈聖學輯要三〉，頁 465。
[55] 上揭書，〈矯氣質章第六〉。

項原則的。

首先，人所稟賦的氣質不同於何處見？栗谷引用朱子解釋孔子之「性相近，習相遠」而說：

「朱子曰，氣質之性，固有美惡之不同矣，然以其初而言，則皆不甚相遠也，但習於善則善，習於惡則惡。」㊽

這是說，人的氣質之性，雖然有美惡等大差別，但最初所稟賦者（先天之氣）仍不會差太多，卻因後天習性，而有了善惡之截然不同的情形產生。故需矯氣質，革惡習，第一步則要要求克己，克己心之私與舊習。栗谷舉顏淵問仁，而孔子答曰克己復禮爲仁一段，以及朱子的解說來做爲矯氣質須克己的範例：

「『顏淵曰，請問其目。子曰，非禮勿視，非禮勿聽，非禮勿言，非禮勿動。顏淵曰，回雖不敏，請事斯語矣。』朱子曰：『目，條件也。顏淵聞夫子之言，則於天理人欲之際已判然矣，故不得有所疑問，而直請其條目也。非禮者，己之私也，勿者禁止之辭，是人心之所以爲主，而勝私復禮之機也。私勝則動容周旋無不中禮，而日用之間莫非天理之流行矣。顏淵默識其理，又自知其力有以勝之，故直以爲己任而不疑也。』」㊾

顏淵是近於聖人者，故他聽了夫子回答的條目，但能瞭然於心，

㊽　同㊼。
㊾　上揭書，〈矯氣質章第六〉，頁 466。

然一般人不能如顏淵般，故須再多做一些解釋。栗谷特以非禮勿動之動字做一箴言：

「動箴曰，哲人知幾，誠之於思，志士勵行，守之於爲，順理則裕，從欲推危，造次克念，戰兢自持，習與性成，聖賢同歸。」㊽

人受習氣所牽引，最常發生者爲忿怒、意欲，故克己須對治這二者，栗谷再引程子之言：

「程子曰，修己以道，所當損者，惟忿與欲，故懲戒其忿怒，窒塞其意欲也。」㊾

克己尚須勤勉有恒，栗谷引朱子言：

「君子之學，不爲則已，爲則必要其成，故常百位其功。」㊿

在徵引前賢之言論後，栗谷再以一己之體會結合其理氣論而做了如下的綜合評述：

「一氣之源，湛然清虛，惟其陽動陰靜，或升或降，飛揚

㊽ 同㊼。
㊾ 同㊼。
㊿ 同㊼。

紛擾，合而爲質遂或不齊。物之偏塞，則更無變化之術，惟人則雖有清濁粹駁之不同，而方寸虛明可以變化，故孟子曰人皆可以爲堯舜，豈虛語哉。氣淸而質粹者，知行不勉，而能無以尙矣。氣清而質駁者，能知而不能行，若勉於窮行，必誠必篤，則行可立而柔者強矣。質粹而氣濁者，能行而不能知，若勉於問學，必誠必精，則知可達而愚者明矣。且世間衆技，孰有生知者哉？試以習樂一事言之，人家童男穉女，初業琴瑟，運指發聲，今人欲掩耳不聽。用功不已，漸至成音，及其至也，或有清和圓轉，妙不可言者。彼童男穉女豈性於樂者乎？惟其實用其功，積習純熟而已，凡百技藝莫不皆然。學問能變化氣質者，何異於此哉？嗚呼，百工技藝，世或有妙絶者，而學問之人，未見其變化者，只資其知識之博言論之篤而已。」㊶

在這兒，栗谷分辨了氣清質粹者、氣清質駁者、質粹氣濁者三種氣質之稟賦，而有能知能行、能知不能行、能行不能知等實踐上的差異；稟賦優異者，雖能知能行但若不能勉，則其能亦無作用；稟賦不佳者，只要能在己欠缺處勤勉窮行或問學，亦可補足其先天氣稟的缺陷而由柔至強、由愚至明也。栗谷舉百工技藝爲例說明其理和矯氣質是相同的。最後他感歎說在百工技藝裏有絕妙者，而學問之人卻未見能變化氣質的，其關鍵恰在於能不能勤勉熟練而已。

矯氣質卽在於變化氣質，變化氣質則必然關聯了恢復本然之

㊶　同㊲。

性，栗谷在和其門人的問答中闡述了兩者的關係：

「問：先儒每言復其性，而不言復其氣，何也？曰：本然之性，雖物蔽氣拘，而推其本則純善無惡，故曰復其性也。至於其則，或濁或駁，已判於有生之初，故不曰復其氣，而曰矯質也。」㊷

這裏強調了人先天稟賦了純善之本然性與氣質，本然之性總是被氣質所掩蔽著的，後天的環境習慣更容易加深這種掩蔽傾向，但氣質是可變化的，所以才能矯治之，矯治也意味了揭開氣對本然之性的掩蔽，也就是變濁駁氣爲清粹，讓本然之性透顯出來，也即是復其性了。

人的容色、身長、外形……等形體外觀是沒辦法改變的，唯有心智能够變化，心是性氣之合，是虛靈知覺者，透過心而後能執行一切實踐工夫，像誠、致中和、矯氣質等其目的都可說是「正心」，誠意也即是在正心，故而誠意正心可說是栗谷實踐論的總綱。

第六節　誠意正心

一、涵養與省察

我們在前文曾已明言：栗谷曾特置入「正心章」以強調正心的重要，這是根源於他的理氣論中對氣作了較精審的分析，因理

㊷《栗谷全書》，卷三十一，〈語錄（上）〉，頁 230。

無爲而氣有爲之故，必須除去氣的掩蔽，讓理本然地呈現出來，而氣之凝結具體化而成心，心屬氣之靈者，故實踐論的歸結便在於正心。

栗谷說:

「上二章工夫莫非正心，而各有所主，故別輯前訓之主，……於正心者詳論涵養省察之意。」[63]

事實上，誠意正心是《大學》八條目中之二，也是修己實踐的二個進階，它們屬總綱，我們必須再探討它們的具體內容，栗谷在〈萬言封事〉中有言:

「學問之術，布在莫訓，大要有三，曰窮理也，居敬也，力行也。」

「窮理乃格物致知也，居敬力行乃誠意正心修身也。」[64]

也就是說，居敬力行的實際工夫屬誠意正心修身的，而居敬工夫更有一套具體的步驟或顯示出來的成效，即:

「居敬通乎動靜，靜時不起雜念，湛然虛寂而惺惺不昧，動時臨事專一，不一不二不三，而無少過差，持身必整齊嚴肅，秉心必戒愼恐懼，此是居敬之要也。」[65]

---

[63] 《栗谷全書》，卷二十一，〈聖學輯要・正心章第八〉，頁 472。
[64] 上揭書，卷五，〈萬言封事〉，頁 103。
[65] 同[64]。

也就是居敬橫跨了人的動靜兩種狀態，在靜方面則：「先賢論靜時工夫，多以存養涵養爲言」[66]，因此我們打算首先探討涵養。

涵養是未發工夫，也就是在心之未發的狀態時便予以控制。首先未發之時的內心狀態是：

「未發之時，此心寂然，因無一毫思慮，但寂然之中，知覺不昧有如沖漠無朕，萬象森然已。」[67]

可見得心之未發時並非一片空無，而是在寂然之中，知覺並不泯滅，在無任何朕兆下，萬象卻已森然地蘊藏其中。但未發之時是否能見能聽呢？栗谷以爲：

「或問未發時亦有見聞乎？臣答曰若見物聞聲念慮隨發，則固屬已發矣。若物之過乎目者，見之而已，不起見之之心；過乎耳者，聞之而已，不起聞之之心；雖有見聞，不作思惟，則不害其爲未發也。」[68]

這意謂著吾人感官受外物刺激時，不一定就是已發，若是能不起思惟慮念，可說仍在心之未發的狀態，也就是已發未發的判斷標準在於心念是否有動。受外物刺激而心念一動，固屬已發，已發爲情，緣情計較者是意動，那麼在未與外物接觸時，也有念慮的發動，能夠說是緣情的嗎？

---

[66] 上揭書，卷二十一，〈聖學輯要三〉，頁 472。
[67] 同[66]。
[68] 同[66]。

「或問，意固是緣情計較矣！但人未與物接而無所感時，亦有念慮之發，豈必緣情乎？答曰：此亦紬繹舊日所發之情也，當其時雖未接物，實是思念舊日所感之物，則豈非所謂緣情者乎！」⑲

栗谷以爲未受外物刺激而有念慮之發，乃是思念以前曾感觸的外物，還是因情而衡量的意念。到這兒我們就從未發之中進入了已發之情意，可知誠意是已發工夫，它是接續在未發工夫的涵養之後而進行的。

未發之時的涵養工夫爲何重要呢？因爲這是凡人與聖賢最爲接近之時刻：

「常人無涵養省察工夫，故其心不昏則亂，中體不立，幸於須臾之頃，不昏不亂，則其未發之中亦與聖賢無別，但未久而或頹放，或膠擾旋，失其本體，則霎時之中，安能救終日之昏亂，以立大本乎？」⑳

聖人與常人的未發之中雖是無別，但聖人能持續經久，於行住坐臥語默動靜之際，均能終日維持而須臾不離，但常人卻無法持久，或頹放或遭擾動便易失去本體，則在一刹那間，如何能救起常人平時的終日昏亂？故常人須有一套未發之時的涵養工夫。

涵養之接續便是省察，栗谷說：

---

⑲　《栗谷全書》，卷二十一，〈聖學輯要二〉，頁 455。
⑳　上揭書，卷二十一，〈聖學輯要〉，頁 473。

「纔有所思，便是已發，既云體認，則是省察工夫，非未發時氣象也。」㉑

這是說，去思慮吾人的未發之時，便是已發了，既然說這是一種體認，那便是省察工夫了。省察是反省察探心之未發而萌動之際的慮念傾向，這十分微渺，善惡正在此微渺的一念之間，栗谷引周子「誠無為，幾善惡」之言，又引朱子言論來說明這種未發已發之間的微妙狀態：

「朱子曰：實理自然，何為之有（未發時也），幾者動之微，善惡之由分也。」㉒

那麼，省察便是去察知此種狀態而做選擇以存善去惡：

「趙致道曰：此明人心未發之體，而指已發之端，蓋欲學者致察於萌動之微，知所決擇而去取之，以不失乎本心之體而已。善惡雖相對，當分賓主，天理人欲雖分派，必省宗孽。自誠之動而之善，則如木之自本而幹，自幹而末……凡直出者為天理，旁出者為人欲，於直出者利道之，旁出者遏絕之，功力既至，則此心之發，自然出於一途而保有天命矣。」㉓

這段話很明顯地說明了省察的目的，正是在於抉善去惡而保存天

㉑　同⑳。
㉒　同⑳。
㉓　同⑳。

命，這需要在已發之端萌生之際來下工夫不可，正因心是變動不斷而極難測知的，栗谷引孟子語來說明此種情形：「操則存，舍則亡，出入無時，莫知其鄉，惟心之謂與」⑭。

涵養與省察的目的均是在於正心，心是人之主宰，兼統性情，其地位與重要性不言而喩，栗谷再三地引前賢之語來強調：如朱子的註：「心不在焉，則視而不見，聽而不聞，食而不知其味，朱子曰心若不存，便無主宰，無以檢其身」⑮，又如引程子的話：「程子曰，心要在腔子裏」⑯，再如張南軒語：「心在焉謂之敬」⑰……等凡此種種，莫不可見心的關鍵地位。

我們前已說過居敬工夫也是爲了正心的，而不管格物致知、涵養省察，均需有一「敬」的態度，程子說：「主一之謂敬，無適之謂一」⑱，朱子進一步詳言說明爲：「只是莫走作，如今人一事來了，又要做一事，心下千頭萬緒，學問只要專一」⑲，可以說是「寂寂不起念慮，惺惺無少昏昧」⑳。持敬工夫必須做到朱子所說的：

> 「敬以直內是無纖毫私意，胸中洞然，徹上徹下，表裏如一。義以方外，是具得是處，決定恁地，不是處，決定不恁地，截然方方正正須是將去做工夫。」㉑

---

⑭ 《栗谷全書》，卷二十一，頁 474。
⑮ 上揭書，頁 475。
⑯ 同⑮。
⑰ 同⑮。
⑱ 上揭書，頁 476。
⑲ 同⑱。
⑳ 上揭書，頁 472。

栗谷以爲上段朱子雖言敬而直內，義以方外，其實敬涵蓋內外：

「敬體義用，雖分內外，其實敬該夫義，直內之敬，敬以存心也；方外之義，敬以應事也。」[82]

倘若能事事以敬，便能抵擋人欲：

「敬所以抵敵人欲，人常敬則天理自明，人欲上來不得。」[83]

最後，我們可結論，涵養和省察是正心裏的未發和未發而已發將萌之際的工夫，兩者須以敬之態度爲之，接下我們將探討心已發後的工夫，即存誠。

二、存誠和正心

《易・乾卦・文言》曰：「閑邪則誠自存」，而程子注曰：「敬是閑邪之道，閑邪存誠，只是一事」[84]。誠、邪是善惡對立的，誠即是思無邪，栗谷引用臨川吳氏的話說：

「臨川吳氏曰，凡人頗知此爲理爲善，知彼爲欲爲惡。而志不勝氣，閑居獨處之際，邪思興焉，一有邪思卽遏制之，乃不自欺之誠也。夫旣無邪思則所思皆理皆善矣！然

[81] 上揭書，頁 478。
[82] 同[81]。
[83] 上揭書，頁 476。
[84] 上揭書，頁 479。

一念纔起，而一念復萌；一念未息，而諸念相續，是二也，是雜也。匪欲匪惡，亦謂之邪，蓋必先能屏絕私欲惡念之邪，而後可與治療。二而且雜之邪，誠意而正心其等豈可躐哉？」[85]

栗谷視心發者爲氣，氣發時掩蔽了理卽有邪思產生，必須一有邪思卽阻遏之，這才不是欺騙自己。如果有諸念頭相續並起的情況，則是二是雜，也是一失理本然的狀態，這得透過誠意和正心來對治的。

我們在前文已花了很多篇幅來論誠，在那是和實理、實心以及致中和關聯在一塊兒討論的。本節我們將專探討存誠工夫的過程，如同栗谷已主張的：「弟以思無邪是誠，故載乎正心之聲」[86]，誠的目的也在於正心，但我們已知誠不只具工夫論意義，尙有本體論之意義，如：

「誠者，天之實理，心之本體，人不能復其本心者，由有私邪爲之蔽也。」[87]

人之不能恢復本心之誠都因有私邪的蔽塞之故，誠的工夫便是在除去之蔽塞，自然地做爲心之本體的誠便會流露出來。

敬是人所持的行事態度，而誠是敬的目的，栗谷解釋道：

---

[85] 《栗谷全書》，卷二十一，〈聖學輯要三〉，頁 479。
[86] 同[85]。
[87] 同[85]。

「以敬爲主，盡去私邪，則本體乃全，敬是用功之要，誠是收功之地，由敬而至於誠矣。」㊽

因此敬和誠是連一整體的，若不能由敬而誠，本心始終爲氣所拘限遮蔽，長此以往，將產生昏與亂之弊病:

「心之本體湛然虛明，如鑒之空，如衡之平，而感物、而動七情應焉者，此是心之用也。惟其氣拘而欲蔽，本體不能立，故其用或失其正，其病在於昏與亂而已。」㊾

這是說我們內心的本體是實理的誠本身，彷彿明鏡或止水一般，感觸外物和發動七情而生反應，但這是心的用，如果本體不能挺立，此用失去了導正，便會有昏亂之病，栗谷再詳論了此昏亂之病的種類:

「昏之病有二，一曰智昏，謂不能窮理昧乎是非也。二曰氣昏，謂怠惰放倒每有睡思也。」㊿

「亂之病有二，一曰惡念，謂誘於外計較私欲也，二曰浮念，謂掉舉散亂（掉舉念起之貌）相續不斷也，（此念，非善非惡，故謂之浮念）。」[91]

㊽ 同㊺。
㊾ 同㊺。
㊿ 同㊺。
[91] 同㊺。

栗谷在此舉了智昏、氣昏、惡念、浮念四種昏亂弊病，知悉這些弊病的確實症狀，當然有助於我們對症下藥：

> 「常人困於二病，未感物時非昏則亂，旣失未發之中矣；其感物也非過則不及，豈得其已發之和乎？」㉜

這是尙未感物之前，已失去心之本體而陷入昏亂狀態中了，如此感物而發之時，必總是過或不及，而不能有中和。因此，栗谷主張人必須正視這種狀況，以前文所探討過的窮理、涵養、省察等來分別各自產生功效，結合起來，卽是正心，卽是導正心之昏亂：

> 「故窮理以明善，篤志以帥氣，涵養以存誠，省察以去僞，以治其昏亂。然後未感之時，至虛至靜，所謂鑒空衡平之體，雖鬼神有不得窺其際者；及其感也，無不中節，鑒空衡平之用，流行不滯，正大光明與天地同其舒慘矣。」㉝

窮理是爲了明瞭善之所在，立志則爲了控制氣的橫流，涵養以保存未發之中的誠本體，省察已發之端萌而剔除虛僞，這些工夫均能做到而根治昏亂後，便能够在未感和感物之時，抵達「鬼神不得窺其際，與天地同舒」之境，簡單地說，卽天人合一和聖人之境。

㉜　同㉕。
㉝　同㉕。

最後，我們再來探討「敬」本身，前文已言及敬乃是「主一無適」，栗谷又把敬稱之爲「收斂」。我們已知敬是各種工夫的修習時所抱持的態度，它是在內心中的一種不顯現於外之靜態工夫，始終持續而不間斷的，朱子言：「無事時，敬在裏面（謂心中也）；有事時，敬在事上；有事無事，吾之敬未嘗間斷也」[94]，即使無事時，依然有「敬」，這是對生活本身的一種專一，也是面對多變慮雜的心之控制工夫，栗谷於此作了極爲精詳的說明：

> 「學者須是恆主於敬，頃刻不忘，遇事主一。各止於當止，無事靜坐時，若有念頭之發，則必卽省覺所念何事；若是惡念，則卽勇猛斷絕，不留毫末苗脈；若是善念，而事當思惟者（此善念之適乎時者），則窮究其理，了其未了者，使此理豫明，若不管利害之念……」[95]

到此，我們可說栗谷修己的實踐論之諸工夫均已探討完結，我們可做個總結爲：首先立志成爲聖人，抵達天人合一之境，而誠是連結天、人，理、氣，本體、工夫的一個核心概念，由吾人實心之誠來抵達做爲本體的實理之誠，繼而在心發爲情上，努力以致中和，使吾人內心的未發之中能不掩蔽，而直出以和於外在的事物之中；這些作爲的目的均在於矯治吾人先天禀賦的濁駁之氣與後天所染的不良習氣，而其矯治的具體實際之綱領則是「誠

---

[94] 上揭書，頁 477。
[95] 同[85]。

意正心」，綱領以下諸工夫如：格物致知乃爲了窮理，涵養省察則爲了存誠去僞，這些工夫均須居敬力行之……等無非是爲了誠意正心以根治昏亂，恢復吾人本來之性。

現在我們已完全探討了栗谷的工夫論，接著便是據之而實際地去實踐，栗谷以爲實踐應於日常用事之際爲之方得顯現出眞實的工夫，這便是其務實的修己論。也是栗谷學的一特色。

第七節　栗谷修己論的特色

一、修己與務實

一般而言，性理學的內容與目的是通貫內聖外王、修己治人。在這樣的理念下，栗谷與其他的性理學者並無不同，然而栗谷特別的地方在於他清晰地解釋和發展其他學者所較不重視之處，這可由他的實踐方法較爲重視現實的務實性上來看出。

栗谷的務實性特色顯現在其大量地運用「實」這個字上。例如：誠論中運用了實理實心這二個說法，而以天道是實理、人道是實心；朱子雖也言及實理，但似乎未有把實心與人道比配之例。此外，在〈聖學輯要〉、〈東湖問答〉中，我們均可見得大量的「實」字，這個實字究竟有什麼意思呢？

在〈東湖問答〉中，甚至直接出現了「論務實爲修己論」這樣的題目[96]，這是把務實和修己連結起來了，從栗谷的發言來看：

---

[96] 《栗谷全書》，卷十五，〈東湖問答〉，頁 320。

「所謂實功者，作事有誠不務，空言之謂也。子思子曰：不誠無物。孟子曰：至誠未有不動者也，苟有實功豈無實效哉？」[97]

「主人曰立志之後，莫如務實。客曰，何謂也？主人曰，終朝設食，不得一飽，空言無實，豈能濟事？」[98]

這二段引文雖未直接解釋實字，但可看出「實」是對於「空」而論說的，因此實也就是「不空」「不虛」，言之有物、功之有效。

也就是栗谷強烈地希望學者能將觀念付諸實行，而不要光蹈空言，務使觀念能具體地顯現於行爲中，可說是將觀念轉化爲事實，期使兩者一致。

栗谷十分憂心不實之作爲，不能產生實功實效，在〈萬言封事〉中，爲君王指出七種不實的可憂之處：

「今之治效靡臻，由無實功，而所可憂者有七，上下無交孚之實一，可憂也；臣鄰無任事之實二，可憂也；經筵無成就之實三，可憂也；招賢無收用之實四，可憂也；遇災無應天之實五，可憂也；羣策無救民之實六，可憂也；人心無向善之實七，可憂也。」[99]

又於〈東湖問答〉中，依內聖外王之序論列了九實：

[97] 上揭書，卷五，〈萬言封事〉，頁 98。
[98] 上揭書，卷十五，〈東湖問答・論務實爲修己之要〉，頁 320。
[99] 上揭書，卷五，〈萬言封事〉，頁 98。

「如欲格物致知，則或讀書而思其義理，或臨時而思其是非，或講論人物而辨其邪正……必使方寸之地，虛明洞徹無物不格以盡格致之實。如欲誠意，則好善如好好色而必得之，惡惡如惡惡臭，而決去之。幽獨隱微中，敬畏無怠不覩不聞之時，戒懼不妄，必使念慮之發，莫不一出於至誠，以盡其誠意之實。如欲正心，則不偏不倚以立其體，無過不及以達其用，惺惺不昏以全其本明，凝定不亂以保其本靜，廓然而大公，物來而順應，以盡其正心之實。如欲修身，則正其衣冠尊其瞻視，遠聲色之好，絶游觀之樂怠慢之氣，不設於禮，鄙倍之言不發於口，循蹈規矩非禮不動，以盡修身之實。如欲孝親，則仰承兩殿無事不誠，交歡無閒，絶其纔慝愉色婉容，洞洞屬屬，以致精神相孚氣脈相通，而至於宗廟之禮，極其敬謹，不以煩數爲務，惟以感格爲心，以盡其孝親之實。如欲治家，則以身爲教，勗帥以敬，莊以莅之慈以撫之，以致後妃有純一之德，宮壺有肅清之美，交通之弊絶其萌芽，刀鋸之賤只供灑埽，以盡其治家之實。如欲用賢，則博採而精鑒，明試而灼見其賢，果不誣也，則信之勿疑，任之勿貳，外託君臣之義，內結父子之情，使之展布所蘊，悉誠竭才，讒言不行庶政乃乂，國受其福民獲其所，……如欲去姦，則言不逆耳者求諸非道，……如欲保民，則以父母生民爲心，視之當如赤子……」[100]

---

[100] 上揭書，卷十五，〈東湖問答〉，頁 320-321。

即「格致」、「誠意」、「正心」、「修身」、「孝親」、「治家」、「用賢」、「去姦」、「保民」、「教化」之實，亦即希望這些理念都能獲得實行徹底。很明顯地，這九實乃是《大學》八條目的「格、致、誠、正、修、齊、治、平」八條目的稍加變化而已，如「孝親」、「治家」可視爲「齊家」，而「用賢」、「去姦」、「保民」、「教化」可以說是「治國」、「平天下」之具體事例，有學者亦如此認爲[101]。

栗谷如此地對務實之強調也有其時代背景，乃是他看到了當時的性理學者們不顧修己的實踐論、工夫論之眞意是在於幫助人實際地去實行實踐之，而不是當成一套搬弄的言論，使之成爲空言和虛文，這是不足以變化自己的氣質的。從儒學內聖外王實爲一體的一貫觀點來看，若君臣能落實修己論而付諸實踐、變化一己氣質，則國家的施政也當能整個地清明起來。

在栗谷的時代，士大夫是直接參與政治、擔任經世的階層，其責任重大，士大夫一己的行爲莫不關涉了國家政局，因此栗谷之強調務實、誠實，不僅適用於修己，也可同時適用於經世。

二、修己論的特色

栗谷的修己論仍然保留著傳統的性理學者所一貫強調的居敬、窮理、力行三種實踐工夫，他說:「修己之功，不出於居敬、窮理、力行三者」[102]。另方面，他還著重了一些其他性理學者較忽視的地方。這構成了他修己論的特色。

---

[101] 尹絲淳，《韓國儒學論究》，頁 153。
[102] 《栗谷全書》，卷二十，〈聖學輯要〉，頁 428。

例如：他將立志置於一切實踐修己條目之首，而說：「學莫先於立志，未有志不立而能成功者，故修己條目以立志爲先」[103]，立志是立志成聖而抵天人合一之境，立志的作用在於檢束氣的活動，使之有目的有方向，就像船舵對船的功用一般。

立志之後，便進入窮理居敬力行的實踐中，窮理屬《大學》八條目的格物致知，居敬力行則屬誠意正心，但其中敬貫通了聖學的開始和終結，因此也可說誠意正心貫徹了聖學中修己成聖的整個過程，這是栗谷修己論的第二個特色。栗谷說：

> 「敬者聖學之始終也。故朱子曰，持敬是窮理之本，未知者非敬無以知；程子曰，入道莫如敬，未有能致知而不在敬者；此言敬爲學之始也。朱子曰，已知者非敬無以守；程子曰，敬義立而德不孤，至于聖人亦止如是；此言敬爲學之終也。今取敬之爲學之始者，置于窮理之前目之以收斂，以當小學之功。」[104]

特別地，他又以「收斂」「收念」「收放心」來做爲達到敬的輔助，而實際方法是無事時的靜坐，以養成人從容不迫，專一持恆的態度：

> 「收放心，爲學問之基址。蓋古人自能食能言便有教動罔、或悖思罔、或逾其所以養其良心。尊其德性者，無時

[103] 同[101]。
[104] 上揭書，頁 431。

無事而不然，故格物致知工夫，據此有所湊泊。今者自小無此工夫，徑欲從事於窮理修身，則方寸昏擾，擧止踰違，其所用功，若存若亡，決無有成之理。故先正教人靜坐，且以九容持身，此是學最初用力處也。然所謂靜坐者，亦指無事時也，若應事接物，不可膠於靜坐也。況人主一身，萬機叢集，若待無事靜坐然後爲學，則恐無其時。但不問動靜，此心未忘，持守不解，如許魯齋，所謂雖在千萬人中，常知有己，則無事而虛寂，可養其體，有事而照察，可正其用。聖學根本，於斯立矣！聖賢之訓，昭然不誣。」[105]

但栗谷並不拘泥於非靜坐養心之後才爲學不可，他強調內在的持續，指出「不問動靜，此心未忘，持守不懈」，並擧許魯齋爲例，如此則不管無事有事，均能應接自如，這也是栗谷的修己論在當時主靜的氛圍下之一特異點。

栗谷在〈萬言封事〉中論述整個居敬窮理力行的具體內容，而以「實之」、「言行一致」來貫徹：

「聖學克盡誠正之功者，大志雖立，必以學問實之，然後言行一致表裏相資，無負乎志矣！學問之術，布在謨訓，大要有三，曰窮理也，居敬也，力行也，如斯而已。窮理亦非一端，內而窮在身之理，視聽言動各有其則，外而窮在物之理，草木鳥獸各有攸宜；居家則孝親刑妻，篤恩正

---

[105] 上揭書，頁 434。

倫之理；在所當察接人，則賢愚邪正醇疵巧拙之別；在所當辨處事，則是非得失安危治亂之幾；在所當審，必讀書以明之，稽古以驗之；此是窮理之要也。居敬通乎動靜，靜時不起雜念，湛然虛寂，而惺惺不昧，動時臨事專一，不二不三而無少過差，持身必整齊嚴肅，秉心必戒慎恐懼，此是居敬之要也。力行在於克己，以治氣質之病，柔者矯之以至於強，懦者矯之以至於立，厲者濟之以和，急者濟之以寬，多欲澄之必至於清淨，多私則正之必至於大公，乾乾自勗，日夕不懈，此是力行之要也。窮理乃格物致知也，居敬力行乃誠意正心，修身也。三者俱修並進，則理明而觸處。」[106]

由上可知「務實」、重親自實際的實踐體驗是栗谷所一再強調的，在〈窮理章〉的最後，栗谷比酌水而必上溯追尋其源頭爲譬喩來指出講論性理學者，應該深探其義理並付諸實行，實踐才是性理學的目的:

「酌水者，必浚其源，爲酌水計也，反舍其水而不酌何義也；食實者，必漑其根，漑其根爲食實地也；反棄其實而不食何見也；正躬行者，必精性理，爲正躬行設也，反置躬行於不問何謂耶；此言深切。」[107]

由此可見，栗谷念滋在滋地不忘「實」、實行、實踐、實功、誠

---

[106] 《栗谷全書》，卷五，〈萬言封事〉，頁 103。
[107] 上揭書，卷二十，〈聖學輯要〉，頁 460。

實……等，在在均顯示出栗谷性理學的最大特色：務實。

三、誠意正心與務實

我們已一再強調，栗谷修己論中特重大學八條目中的誠意正心爲其修己論之綱領，而其修己論的最大特色在於「務實」，在本章的最後一節中，我們就來討論誠意正心和務實的關係，同時也將前文已探討的，作個總結式的論述。

栗谷在給宣祖的奏辭中建言：

> 「學問者，非謂端坐，終日讀書也。學問只是日用間處事，一一合理之謂也。惟其合理與否不能自知，故讀書以求其理，今若以讀書爲學問，而日用處事不求當理，則豈謂學問哉？今上日用事間，事事深求合理，至於一令一政皆欲得正而無少不善，則此乃學問也！」[108]

如此可知栗谷並非視學問只是在於讀書求知上的滿足，而是把握事物之理付諸實踐，其重點便在於正確地把握實理而收實效的實學精神。

栗谷認爲主體的誠實性及於客觀的事實性即是合理，主觀的誠實與客觀之事理不一致的話，不僅不能稱之爲合理，甚且也無法再說是誠實。

在栗谷的理念中，誠在天道爲實理，在人道則爲實心，誠貫通天道人道，正在於要求實理與實心的合一，這要透過身體力行

---

[108] 〈宣祖實錄卷九〉，（八年乙亥，五月條）。

的實踐工夫，並且表現在日常用事之際，因此他並非一個只堅持性理存在的觀念論者，反而傾向於一重視現實與事實的實在論者。

誠做爲本體在性理處言之，在情意處則言「誠意」，意是心的商量計較之機能，也是善惡是非的判斷機能，因此精察心意之所向是十分重要的事，使心意能合於誠，卽是誠意，誠字亦可作動詞用而曰「誠其意」。又栗谷以爲誠卽「思無邪」，故誠意在於使心意於商量計較思惟之時毫無邪念產生，如此才能擴充實心，終至於實理。

就字詞的詞性言之，「誠」做爲名詞時，意謂天道之實理，乃人追求的目的；但誠字做動詞或形容詞而成爲「誠意」「誠實」時，則意指使「誠」實現的方法。所以目的之誠是誠者，是天道實理；方法之誠是誠之者，是人企圖去掌握而依循之的人道實心；目的之誠若無方法之誠則無法抵達。在此栗谷的意思很淸楚地被突顯出來了。

傳統上的儒學之「爲己之學」一貫把修己的重心置於「敬」上，而栗谷除了也論敬之外，更強調了「誠」，我們曾引用過「敬是用功之要，誠是收功之地」這句話，那麼強調敬在於重視行爲動機的一面，卽行爲動機須發之以敬；而誠是收功之地則在突出誠做爲接收敬之用功而出現的結果，可見栗谷是把動機到結果整個地予以重視之，而突出了實踐的整個過程。

既然也重視結果的話，自然會強調實效、實功，因而突出了栗谷修己論中的務實面。實效實功是要將性理學問具體地落實於日用事間，栗谷說：「道非高遠，只在日用」[109]，這也是思考、

[109] 《栗谷全書》，卷六，〈應旨論事〉。

造設性理學的最終目的，畢竟成聖是得身體力行地實際做去才是可能的。

根據實事求是、利用厚生、經世致用等性格來定義韓國實學的話，栗谷的理論態度及對經驗的、合理性之尊重也可說是實學的，但實學還大力地批判性理學之內聖面的修己論而只重視外王面；栗谷並不如此，他依然重視修己論，但是也注重外在的現實而謀求調合突破，這是栗谷和其後純實學派所不同處。

栗谷一面把務實引入修己論內，一面推廣至重視實踐而圖產生實效、實功，即把內聖的爲己向外推至外王，聖人是內聖外王的最佳典型，這也是栗谷對經世安人方面做出許多成績的由來。

第六章　結　論

現在，我們將對栗谷哲學思想的根本議題，依其價值與實踐的可能性來貫穿其論點。

栗谷繼承了傳統的性理學者以理氣構造來論述宇宙和人生整體的做法，因此其理氣論亦是以程朱學爲基礎來展開。首先在於太極概念的定義上，以朱子的理氣不離不雜之觀點作爲根幹，在陰陽概念上則以明道的陰陽無始，動靜無端且循環不已爲前提，結合兩者來定立太極與陰陽的關係。

而太極、陰陽在理氣架構中的地位是：太極是理，是萬化萬品的樞紐與根柢，而陰陽則是氣之動靜，氣是能够凝結聚散的質料，因而陰陽同時也是氣之凝結聚散的性質。就所然（實然）與所以然的關係來看看氣是所然，而理則是氣之陰陽動靜的所以然而主宰著氣。因理氣不離之故，並非在陰陽之氣前有太極之理的獨存，而無理則陰陽亦不可獨存。又因理氣不雜，太極陰陽也不能視爲一物。

理的本質是觀念性的，氣的本質是質料性的，理氣不離與合一暗示了「觀念與事實的合一」。觀念性的事物具備無限性、永恆性；事實性的東西則有局限性、變動性；要使兩者合一，須要放在「理一分殊」的架構下才得以完成，而栗谷更將理一分殊擴展成其自己獨特的「理通氣局」論。

既然理是氣之所以然，氣是具能動活動性的所然，則理氣之性格恰爲理是無形無爲的形而上者，氣則是有形有爲的形而下者，如此無形無爲的理是有形有爲之主、有形有爲的氣爲無形無爲之器。

綜合上述的理氣關係，栗谷得到了一個「一而二、二而一，理是氣之根柢、氣是理的依著之理氣關係」的鐵則。又據陰陽無始、動靜無端之理，他否定了有陰陽未分之始，以及未分之始前有某種實體存在的可能性。並依此對花潭之主張湛一淸虛之氣、一氣常存的氣一元論提出批判。同時也反對退溪的理發氣發主張而力言只有氣發理乘一途。

雖然栗谷曾援用花潭的「機自爾」來強調氣的能動性，但此能動性、活動性之根據卻是要出於理的賦予，即接受理的主宰，而不是氣自身所能自有的。氣的活動而造成多樣化、分殊化的現象世界，而每一分殊之物也各有其理（物物一太極），以及共同的理一（統體太極），可知理是無所不在的，而氣中湛一淸虛者的氣本然卻因分殊化而多有不在，這就是栗谷的「理通氣局」論，然這也產生了一邏輯問題：既然理氣不離不雜，又氣是理的依著，那氣之不在之處，理本然的理一將依著於何處?

總之，因栗谷固守了理之無形無爲而不具活動性之立場，使得宇宙的活動者只能是氣，但理能通遍萬物，並保有其本然之自如自在。然而氣有局限性，理氣在無論何時亦總是不可分，則在氣中之理無可避免地受氣所局限，而無法呈現其本然，這便有了本然之理與流行之理的區分。理本然是恒不變動的，卻因乘氣之升降飛揚，而呈現出變化，但這是因氣而非理本然之故。

理氣論的發展在栗谷提出「理氣之妙」而達於極至，因爲這種一而二、二一而的渾融無間之關係的確是「難見亦難說」而妙不可言的。理氣之妙乃是對理氣之極端論者的持平評言，栗谷以爲應從更高一階的邏輯次元上來看待理念與現實的關係，眞正能體驗此理氣之妙者，可說卽能達天人合一之境而成豁然貫通的聖人。

栗谷最爲排斥極端論者，光主張氣一元論或理一元論者，乃是不見道的，可見對理氣極端論者的調和與綜合正是栗谷理氣論的根本立場。

以上乃是理氣論的形上學之基本架構。

接著我們將再看心性問題。既然宇宙的一切都是理氣所構成的，人的心性自不例外，栗谷依朱子的主張而言「性卽理，心卽氣」，因此心的發動只能是氣發，這也一致於其氣發理乘的主張。

理因是無形無爲，故不具發動之能力，但理卻主宰著氣發，故說氣發理乘，這裏顯示的意義在於理一方面是道德行爲根源的天理，一方面是我們具體個別的行爲所依從的準則。

如此一來，因理的無能發動性，那麼「天人合一之聖學」的修己工夫論就只能著落在氣之上，正因氣掩蔽了理本然的直接呈顯，所以爲己之學的首要任務便是除去這層掩蔽，使做爲道德價值的本然之理原原本本地如實呈現，在這種實現能完成的諸工夫或方法中，栗谷最爲重視大學八條目中的「誠意正心」。

栗谷同儒學傳統一般相信人人都具有成聖能力，做爲人性的理本然無疑是純善，只是因所稟賦的氣之淸濁粹駁而有善惡，轉化濁駁氣爲淸粹使不掩蔽理本然的理念下引生而得的工夫論，自然置其焦點於由氣之虛靈者構成的心。

栗谷詳盡地分析了心性情意諸概念，而提出心性情意乃是同一知覺行爲的不同階段，而有心性情意一路的論點。心發爲情，而意是商量計較。心之未發之中正是本性流露之時，因而使未發之中和於已發之情，遂有致中和的提出，這些觀念的運用無非是爲導出「誠意正心」之做爲修己論綱領的地位。

栗谷強烈主張性理學絕不能流於思辨的空論或觀念之虛構，而力言必須在實際上把觀念落實於實踐中。栗谷視道體無爲故得靠人的努力，他引孔子的「人能弘道，非道弘人」來做爲佐證。但理無爲並不意味它是死物，在它對氣的主宰中透過氣以顯示其活躍性。這意謂著在人的實踐中能看到活生生的道體，而且人的主動實現此道體與否，確立了人之道德的自主性和主體性。

在人心道心這一組相對概念上，栗谷視人心之善亦爲道心，而不把人心視爲全然地惡，只以爲人心乃因受氣之掩蔽而不能如依理而發的道心般純善，若能持誠意而精察此氣的參預致令人心聽命於道心，則人心亦可轉化爲道心，這主張反對了把人心視爲惡的與視道心爲超越、絕對的道德的敬虔主義。從栗谷的堅持人心道心相互轉換一論來看可窺知近代人類觀的一貌。

栗谷對氣的關注以及在理無爲中相對地賦予氣之能動性與活動性，似乎意謂著其著重人之感性能力，在關注現實之際弱化了道心世界。雖有人如此地加以批判，然栗谷的立場只是因理和道義的無爲，所以只能透過檢束有爲之氣以恢復本然之性。在理論上，爲了體驗、實踐此理之道，必須闡明何者是此道實現的妨礙者，然後對症下藥，找出復性的具體工夫，於是栗谷一方面繼承居敬窮理力行諸傳統主張的修己工夫，一方面強調了由敬而誠的實踐過程。

所謂的誠並不是固定的觀念性對象，它具有本體論及工夫論的雙重意義，橫跨了「觀念與事實」兩者。誠的實現乃是要求誠者的天道實理與誠之者的人道實心合一，此卽就誠一面而論天人合一的實際內容。

總之「誠意正心」做爲修己論的綱領，像居敬、窮理、力行都屬誠意正心的實際工夫。在由敬而誠的實際過程中，居敬做爲行爲動機，而誠則被視爲「收功之地」而做爲努力居敬的結果，栗谷顯然是相當重視行爲的結果的。但這並不代表栗谷卽較忽視動機面的敬，栗谷強調敬通徹了修己工夫的始終，而且不分動靜，均能主一無適。然而「誠」畢竟是栗谷最注重的觀念。

做到了人道實心與天道實理合一的人卽是「一以貫之」的聖人，聖人是透過實心爲媒介而上達實理的天道之理想存在者，修己實踐的目的正在於成爲聖人。作爲媒介之實心兼統性情意三者，性以實理的地位內在於人心中，但人卻不能保持此性之本然狀態，而總是因對象而有情之興起，對此興起之情作商量計較者是意。若能「無邪地」做意之精察作用時，卽是誠意，在具體的行爲表現上是以言語和行爲一致的方式表露。

聖人的境界是怎麼樣達到的呢？栗谷以爲聖人是「不思而得」、「不勉而中」的，但這並非全然無爲，而是有爲到極至而成無爲。也就是，不思而得並非開始時卽不做任何事，而是說「極盡思而無再思之必要，自然而然地就達到此境界」，同理，不勉而中也卽是「極盡努力自然而然地顯露中」。

栗谷重視誠，把誠意正心當作其修己論的根本核心，顯出其突出人的自主、主體的意志，另一方面他更試圖把由意志而行爲的結果也放入考慮，也就是包含了從行爲動機到結果的整個過程，這對結果的考量影響了韓國的近代實學，栗谷的「誠」之哲學成爲連結務實思想的基礎。誠意與務實的結合乃試圖由道德行爲之具體實踐來否定直觀獨斷的空虛性，處處均本於觀念與事實的合一來尋求倫理道德的妥當性。因此栗谷之實踐的修己論也不是從宗教體驗來發現行爲的準則，而是透過人的本性與所處的現實之間的互動協調。

總之，栗谷的誠之哲學如此般地精察意之作用，並將尺度及基礎置於思無邪上，但仍殘留有思無邪的標準又將置於何處的問題？而又儘管栗谷處處強調了實，展現了其務實的特色，但畢竟仍不是直接面對現實來提出理論，於是也有了如何把理論現實化的問題，因此栗谷哲學的定位是近代實學中的先導理論展開之端緒。正因其仍留有濃厚的性理成份，而免不了受到他仍屬於性理學者而有「思辨性的優位」之批判。至少在實學中「經世致用」、「利用厚生」、「實事求是」等目標並未直接出現在栗谷的獨特理氣論中，實學本身亦非他的直接目的，他亦沒有達到「安人」傳統的經世學之面向。栗谷雖重視「務實力行」，但更重視「天人合一」的「修己」之「聖學」。

但栗谷哲學在當時性理學的空理空論之傾向下，圖將性理實現而使和實事一致的這個企圖上，栗谷的性理學爲韓國性理學的重新開展提供一個新座標，同時把倫理道德的社會之具體表現和修己直接連結而強調「誠意正心」之上，顯示出栗谷的哲學足以保證成爲性理哲學發展爲將來朝鮮朝的實學契機。

在對經驗與直觀的調和中，由顯現行爲之善的結果而強調了務實，並把誠視作其哲學基礎。由他把實現的關鍵置於誠意正心之上時，我相信這將會是今日突破倫理道德的懷疑論之一個希望的宣告，栗谷哲學無疑具有極大的現代價值。

栗谷年表

年代	栗谷大事記	時事記
中宗31年12月26日（明嘉靖15年西紀1536年）	栗谷出生（江陵府北坪邨外氏第）。	鄭澈出生。在於慕華館建立迎恩門。
中宗33年（西紀1538年）	栗谷3歲，會讀書。	
中宗35年（西紀1540年）	栗谷5歲，因母親之病劇烈，先生在於外王父祠堂祈禱。	遺逸徐敬德立官。
中宗36年（西紀1541年）	栗谷6歲，跟母親從江陵搬到京第(壽進坊)。	
中宗37年（西紀1542年）	栗谷7歲，寫於陣復昌傳。受學於母親。	柳成龍出生。
中宗38年（西紀1543年）	栗谷8歲，在花石亭上做詩。	
中宗39年（西紀1544年）	栗谷9歲，畫「兄弟奉父母同居圖」。	
仁宗元年（西	栗谷10歲。	李舜臣出生。回復趙光

紀1545年）		朝之官爵。7日，仁宗崩御。
明宗3年（西紀1548年）	栗谷13歲，進士考及格。	製造渾天儀，設置於弘文館。
明宗7年（西紀1552年）	栗谷16歲，申夫人逝世。撰述先妣行狀。	舉行兩宗禪科。 世子誕生。
明宗8年（西紀1553年）	栗谷18歲，夏季，穿著闋服。	宣祖誕生。
明宗8年（西紀1553年）	栗谷18歲，秋季，完了心喪，舉行冠禮。	大妃執政。 景福宮發生火災。
明宗9年（西紀1554年）	栗谷19歲，與牛溪先生交遊。 3月，進入金剛山。	重建景福宮。 建立鄭夢周書院。
明宗10年（西紀1555年）	栗谷20歲，春季，回到江陵去。	倭寇侵入湖南，但李潤慶擊退。
明宗11年（西紀1556年）	栗谷21歲，春季，回到京第來。 對策壯元於貿城試。	
明宗12年（西紀1557年）	栗谷22歲，9月，對盧氏下聘。	廢妃愼氏逝世。
明宗13年（西紀1558年）	栗谷23歲在禮山陶山，面見退溪先生。 冬季壯元別試解。 （天道策）	
明宗15年（西	栗谷25歲，5月，寫做	

紀1560年）	韓長興敍後語和至夜書懷古詩。	
明宗16年（西紀1561年）	谷栗26歲，5月，贊成公逝世。	
明宗18年（西紀1563年）	栗谷28歲，秋季，穿著闋服。	
明宗19年（西紀1564年）	栗谷29歲，春季，聽松成逝世，先生哀悼。7月，生員進士試及格。9月，明經及格後，拜命於戶曹佐郎。受到御命，寫做御製律詩。	
明宗20年（西紀1565年）	栗谷30歲，春季，任禮曹佐郎。8月，論妖僧普雨，再論著尹元衡。9月，黃腸木敬差官之身分去關西，冬季，復命。11月，拜命於司諫院正言。	4月，文定王后逝世。妖僧普雨流配到濟洲，其後被殺。削除尹元衡之爵，其後他自殺。
明宗21年（西紀1566年）	栗谷31歲，3月，再次拜命於正言。5月論著時務三事。冬季拜命於吏曹佐郎。	作罷兩宗禪科。
明宗22年（西	栗谷32，歲6月，恭憲	6月，明宗崩御。

紀1567年）	大王崩御，給退溪先生修書，論議國葬。 上疏大行大王挽詞。 9月，和六曹郎一起上疏，論沈通源。 10月，回答奇高峯書。	來了明使。
宣祖元年（西紀1568年）	栗谷33歲，2月，拜命於司憲府持平。 4月，外舅盧公逝世，先生哀悼。 5，月跟牛溪先生論議著至善與顏子之格物誠正說。 拜命於千秋使書狀官與成均館直講，當做京師。 冬季，還朝之後，拜命於弘文館副校理知製教兼經筵持讀官春秋記注官。 11月，再拜命於吏曹佐郎，因外祖母之病，棄官回到江陵去。	宣祖大妃還政。 來了明使。
宣祖2年（西紀1569年）	栗谷31歲，6月，再次拜命校理，7月，還政。	朴應順女，爲妃。

	8月，爲了奉養外祖母之病，請解職，但不許之。 上疏於劄書，請停止禪日陳賀。講議孟子之時，講議人君問學之功。 9月，寫做〈東湖問答〉。 以衛社僞勳削除而請定國是。 跟同僚一起上疏，而並論時務九事。 10月，藉著休假，回到江陵，哀悼外祖母喪。	
宣祖3年（西紀1570年）	栗谷35歲，4月，拜命於校理而還朝。 8月，得病而解官，回到海州野頭邨去。 12月，收到退溪先生的訃音。	李滉逝世。
宣祖4年（西紀1571年）	栗谷36歲，正月，由海州回來坡州。 拜命於吏曹正郎而卻不進於朝。 6月，拜命於淸州牧使。	

宣祖5年（西紀1572年）	栗谷37歲，因病入京。夏季，拜命於副應教，因病辭退，回到栗谷去。 跟牛溪先生，論議理氣、四端七情、人心道心。 8月，拜命於遠接使從事官，但因病辭退。 上疏相臣劄。 9月，雖拜命於司諫院司諫而卻不進於朝。	始作於試士，春塘臺春臺試。
宣祖6年（西紀1573年）	栗谷38歲，7月，拜命於弘文館直提學，但因病辭退。 8月，回到栗谷去。 9月，再次拜命於直提學。 冬季，上疏劄書，論弭災之道。 陞級於通政大夫承政院同副承旨知製教，兼經筵質官、春秋館修撰官。 請給於李滉贈諡。	改善軍籍。 給於特賜諡號文純。 （從這開始，沒有行狀，給於儒賢贈諡號。）
宣祖7年（西	栗谷39歲，正月，陞級	爲了祈禱，貴人金氏命

紀1574年）	於右副承旨，因災異，上疏萬言封事。 2月，把成運任命於閑職兼帶經任命於兵曹參。 3月，拜命於司諫院大司諫。 請議於停止黃蠟入內之命。 請議於勉學而接近賢臣。 4月，得了病，辭退右副承旨，回到栗谷去。 6月，庶子景臨出生。 10月，拜命於黃海道觀察使，請議於改革一道之弊。	於歸納黃金五百斤。
宣祖8年（西紀1575年）	栗谷40歲，2月，上疏節哀。 3月，得了病回到栗谷去。 拜命弘文館副提學。 5月，請議於卒哭後穿著白衣冠，執政。 請贈給於徐敬德官職。 6月，上疏劄書，論議	仁順王后逝去。 沈義謙跟金孝元相互攻擊，發生東西黨爭。

	君德。 四書小註刪正。 8月，劄論於諫院請推大臣之失策。 9月，上疏〈聖學輯要〉。10月，講議大學衍義中，論議克己復禮。 11月，請贈給於成守琛官職。 12月，同答於朴思菴書。病遞於授護軍。	
宣祖9年（西紀1576年）	栗谷41歲，2月，回到栗谷去。 10月，回到海州石潭去。 12月，入京，拜命於兵曹參知而辭退。	
宣祖10年（西紀1577年）	栗谷42歲，正月，回到石潭來開宗族會，寫作同居辭戒。 12月，完成〈擊蒙要訣〉。論議著鄉約會集法與社倉的事。	仁聖王后朴氏逝去。
宣祖11年（西紀1578年）	栗谷43歲，建立於隱屏精舍。 在精舍北方面建立朱子	李芝菡逝去。

	祠。 立定於文憲書院學院學規。 3月，雖拜命於大司諫，但赴召謝恩，4月，回到栗谷來。 5月，再次上萬言疏。 7月，哀悼土亭李公。 冬季，回到石潭來。	
宣祖12年（西紀1579年）	栗谷44歲，3月，建立於道峯書院。 庶子景鼎出生。 完成〈小學集註〉。 5月，陳述保和朝廷之道。 7月，寫作九容帖之跋。 8月，哀悼休菴白公。	在三南，北道，關西發生自然災難。
宣祖13年（西紀1580年）	栗谷45歲，5月，撰寫於箕子實記。 12月，入對丕顯閤。 撰寫於靜菴趙先生墓誌。	
宣祖14年（西紀1581年）	栗谷46歲，正月，上疏劄書，請議再專心政事。 4月，請論議救民策。	柳崇祖寫了〈七書諺解〉，栗谷寫了《四書諺解》及《小學諺解》。

	5月，反駁尹毅中，朴謹元。 （上疏劄書，改善變通弊法，改定貢案，請議於製造辨誣奏文。） 6月，特陞於嘉善大夫司憲府大司憲兼藝文館大提學。 擔任同知中樞府事。 10月，陞官資憲大夫戶曹判書而請從祀趙光祖與李滉。 著作〈晦齊大學補遺後議〉。 請設施經濟司。 寫作〈擊蒙編〉之跋。 寫作〈學部通辨〉之跋。 11月，兼任弘文館大提學藝文館大提學知經筵春秋館成均館事。 完成了〈經筵日記〉。	
宣祖15年（西紀1582年）	栗谷47歲，正月，拜命於吏曹判書。 4月，哀悼黃岡金公。 7月，寫作〈人心道說〉	明使來。

	之跋。 寫作〈金時習傳〉。 寫作〈學林模範〉。 8月，拜命於刑曹判書。 9月，拜命於議政府右參贊，兼崇政大夫。上萬言疏，陳述時弊。 10月，拜命於遠接使。 回到朝庭之後，爲了詔使，寫作〈克己復禮說〉。 12月，拜命於兵曹判書，陳述西路民弊。	
宣祖16年（西紀1582年）	栗谷48歲，2月，陳述時務六條。 3月，受命，推薦成渾等人。 4月、上封事，尤其陳述時弊，再一次要求了改善改功案，改軍籍，併州縣，久任監司等事。 爲了防備，要求了養兵10萬。 6月，被受到三司之構	因牛溪先生上疏，8月特命逐放宋應漑、許篈、朴謹元。 蕃胡尼湯介偸了六鎭。

	劾，引咎乞退。
	7月，回到栗谷去。
	9月，拜命於判敦寧府事。
	拜命於吏曹判書。
宣祖17年（西紀1584年）	栗谷49歲，正月16日得了疾病，在京城大司洞寓舍逝去。
	牛溪先生哀悼。

參考書目

中國

《十三經注疏》，東興出版社，民國六十八年。
《朱子大全》，臺灣中華書局，民國六十八年。
《朱子語類》，中文出版社，民國六十八年。
《張子全書》，臺灣中華書局印行，民國六十八年。
《周子全書》，廣東社印書館印行，民國六十八年。
《周易大全》，東國大學校中央圖書館所藏本。
《詩傳大全》，東國大學校中央圖書館所藏本。
《二程全書》，臺灣中華書局，民國六十八年。
《性理大全》，韓國景文社，1973 年。
《四書或問》，臺灣中華書局，民國六十八年。
《大學章句大全》，臺灣中華書局，民國六十八年。
《中庸章句大全》，臺灣中華書局，民國六十八年。
《論語集注大全》，臺灣中華書局，民國六十八年。
《孟子集注大全》，臺灣中華書局，民國六十八年。
《朱子書節要》，太學社，1979 年影印。
《朱子學入門》，日本明德出版社，昭和 49 年。
《陽明學入門》，日本明德出版社，昭和 49 年。
《新編諸子集成》（1 卷— 8 卷），世界書局印行，民國六十七年。

《朱子四書註典據考》， 大枎見信良， 學生書局， 民國六十七年。
《漢文大系》（1 卷—22 卷），慧豊學會，民國六十七年。
《朱子新學案》，錢穆，五册，學生書局，民國六十八年。
《中國哲學史》，勞思光，三民書局，1980 年。
《心體與性體》，牟宗三，學生書局，1976 年。
《宋明理學》，蔡仁厚，學生書局，1976 年。
《四書釋義》，錢穆，學生書局，1976 年。
《中國哲學原論》，唐君毅，學生書局，1978 年。
《哲學概論》，唐君毅，學生書局，1978 年。
《中國哲學思想史》，羅光，學生書局，1978 年。
《道德的理想主義》，牟宗三，學生書局，1978 年。
《中國人生哲學》，東方美，黎明文化事業公司，1980 年。
《中國哲學特質》，牟宗三，學生書局，1976 年。
《中國哲學史（上·下）》，馮友蘭，影印本。

韓　國

《花潭集》，東國大學校中央圖書館所藏本。
《退溪全書(Ⅰ—Ⅴ)》，成均館大學校，大東文化研究院，1971 年。
《栗谷全書(Ⅰ—Ⅱ)》，成均館大學校，大東文化研究院，1971 年。
《牛溪集》，東國大學校中央圖書館所藏本。
《高峯集》，東國大學校中央圖書館所藏本。
《蘆沙集》，東國大學校中央圖書館所藏本。

《鹿門集》，東國大學校中央圖書館所藏本。
裵宗鎬編，《韓國儒學資料集成（Ⅰ—Ⅲ）》，延世大學校出版部，1980 年。
裵宗鎬，《韓國儒學的課題與展開（Ⅰ—Ⅱ）》，汎學圖書，1979 年。
柳正東，《退溪哲學思想研究》，成均館大學校大學院，1975年。
尹絲淳，《韓國儒學論究》，玄岩社，1980 年。
斯文學會，《斯文學（Ⅰ—Ⅱ）》，1968 年。
李東俊，《關於十六世紀韓國性理學派的歷史意識的研究》，成均館大學校大學院，1975 年。
蔡茂松，《退栗性理學的比較研究》，成均館大學校大學院，1976 年。
裵宗鎬，《韓國儒學史》，延世大學校出版部，1974 年。
玄相允，《朝鮮儒學史》，民眾書館，1949 年。
朴鍾鴻，《韓國思想史論巧》，瑞文堂，1977 年。
李乙浩，《韓國改新儒學史試論》，博英社，1980 年。
李乙浩，《茶山的經學思想研究》，博英社，1968 年。
劉明鍾，《韓國哲學史》，日新社，1975 年。
金敬琢，《栗谷的研究》，韓國學研究院，1960 年。
李丙燾，《栗谷的生涯與思想》，瑞文堂，1973 年。
李俊浩編譯，《栗谷的思想》，三省出版社，1978 年。
民族文化推進委員會，《國譯栗谷集》，1968 年。
民族文化推進委員會，《國譯退溪集》，1968 年。
栗谷先生紀念事業會，《栗谷全書精選》，1958 年。
柳子厚，《栗谷先生傳》，成進文化社，1954 年。

《退溪學報》1—16 輯，退溪學研究院刊。
金泰吉，《倫理學》，博英社，1964 年。
張志淵，《朝鮮儒教淵源（上·中·下）》，柳正東譯，三省文化文庫，1976 年。
柳承國，《東洋哲學論巧》，成大大學院，1974 年。
柳承國，《韓國的儒教》，世宗大王紀念事業會 1980年。
尹絲淳，《退溪哲學的研究》，高麗大學校出版部 1980年。

論　文

李丙燾，〈經世家的李栗谷〉，朝鮮學會，《朝鮮學報》1968年。
柳子厚，〈東邦碩學李栗谷論〉，成進文化社，《韓國學研究叢書》1期，1971 年。
池田林儀，〈石潭的聖者李栗谷的研究〉，《朝鮮總督府·通卷》250 號，1936 年。
尹聖範，〈栗谷思想的現代的解釋〉，《思想界》11 卷 9 號（124），1963 年。
韓相甲，〈栗谷的政治思想〉，韓國哲學研究會，《韓國思想叢書》II 卷，1973 年。
李丙燾，〈李栗谷與其經世思想〉，《行政論叢》4、6、7，漢城大學校行政大學院，1959 年。
李東俊，〈關於花潭與栗谷思想之異同的考察〉，韓國哲學會，《哲學》5 集。
李俊浩，〈栗谷的思想〉，玄岩社，1973 年。
孫仁珠，〈李珥的教育思想〉，《延大人文科學》6 集，1961年。
尹絲淳，〈栗谷性理學中實學概念與體系〉，《亞細亞研究》15

卷 2 回高麗大，1972 年。

李東俊，〈對於栗谷中理的最終的考察〉，《儒教學論叢》（閔泰植博士古稀紀念會），1972 年。

柳承國，〈栗谷哲學的根本精神〉，《東洋哲學論巧》，成大大學院東洋哲學研究室，1974 年。

索　引

一　畫

二　畫

三　畫

四 畫

五　畫

六畫

七畫

八　畫

九畫

十畫

十一畫

十 二 畫

十三畫

十四畫

十五畫

十六畫

十七畫

十八畫

十九畫

二十畫

世界哲學家叢書(八)

書名	作者	出版狀況
珀爾斯	朱建民	撰稿中
詹姆斯	朱建民	撰稿中
杜威	李常井	撰稿中
蒯英	陳波	撰稿中
帕特南	張尚水	撰稿中
庫恩	吳以義	撰稿中
拉卡托斯	胡新和	撰稿中
洛爾斯	石元康	已出版
諾錫克	石元康	撰稿中
羅蒂	范進	撰稿中
馬克弗森	許國賢	排印中
希克	劉若韶	撰稿中
尼布爾	卓新平	已出版
馬丁·布伯	張賢勇	撰稿中
蒂里希	何光滬	撰稿中
德日進	陳澤民	撰稿中
朋諤斐爾	卓新平	撰稿中

世界哲學家叢書（七）

書名	作者	出版狀況
梅露・彭廸	岑溢成	撰稿中
阿爾都塞	徐崇溫	撰稿中
列維納	葉秀山	撰稿中
德希達	張正平	撰稿中
呂格爾	沈清松	撰稿中
富科	于奇智	撰稿中
克羅齊	劉綱紀	撰稿中
布拉德雷	張家龍	撰稿中
懷德黑	陳奎德	撰稿中
玻爾	戈革	已出版
卡納普	林正弘	撰稿中
卡爾巴柏	莊文瑞	撰稿中
柯靈烏	陳明福	撰稿中
羅素	陳奇偉	撰稿中
穆爾	楊樹同	撰稿中
弗雷格	趙汀陽	撰稿中
石里克	韓林合	撰稿中
維根斯坦	范光棣	撰稿中
愛耶爾	張家龍	撰稿中
賴爾	劉建榮	撰稿中
奥斯丁	劉福增	已出版
史陶生	謝仲明	撰稿中
赫爾	馮耀明	撰稿中
帕爾費特	戴華	撰稿中
魯一士	黄秀璣	已出版

世界哲學家叢書(六)

書名	作者	出版狀況
馬克思	洪鎌德	撰稿中
普列哈諾夫	武雅琴	撰稿中
約翰彌爾	張明貴	已出版
狄爾泰	張旺山	已出版
弗洛依德	陳小文	撰稿中
史賓格勒	商戈令	已出版
布倫坦諾	李河	撰稿中
韋伯	陳忠信	撰稿中
卡西勒	江日新	撰稿中
雅斯培	黃藿	已出版
胡塞爾	蔡美麗	已出版
馬克斯・謝勒	江日新	已出版
海德格	項退結	已出版
漢娜鄂蘭	蔡英文	撰稿中
盧卡契	謝勝義	撰稿中
阿多爾諾	章國鋒	撰稿中
馬爾庫斯	鄭湧	撰稿中
弗洛姆	姚介厚	撰稿中
哈伯馬斯	李英明	已出版
榮格	劉耀中	撰稿中
柏格森	尚新建	撰稿中
皮亞杰	杜麗燕	撰稿中
別爾嘉耶夫	雷永生	撰稿中
馬利丹	楊世雄	撰稿中
馬賽爾	陸達誠	已出版

世界哲學家叢書(五)

書名	作者	出版狀況
聖多瑪斯	黃美貞	撰稿中
笛卡兒	孫振青	已出版
蒙田	郭宏安	撰稿中
斯賓諾莎	洪漢鼎	已出版
萊布尼茲	陳修齋	撰稿中
培根	余麗嫦	撰稿中
霍布斯	余麗嫦	撰稿中
洛克	謝啟武	撰稿中
巴克萊	蔡信安	已出版
休謨	李瑞全	已出版
托馬斯·銳德	倪培林	撰稿中
伏爾泰	李鳳鳴	撰稿中
孟德斯鳩	侯鴻勳	排印中
盧梭	江金太	撰稿中
帕斯卡	吳國盛	撰稿中
達爾文	王道遠	撰稿中
康德	關子尹	撰稿中
費希特	洪漢鼎	撰稿中
謝林	鄧安慶	撰稿中
黑格爾	徐文瑞	撰稿中
祁克果	陳俊輝	已出版
彭加勒	李醒民	排印中
馬赫	李醒民	撰稿中
費爾巴哈	周文彬	撰稿中
恩格斯	金隆德	撰稿中

世界哲學家叢書(四)

書名	作者	出版狀況
空海	魏常海	撰稿中
道元	傅偉勳	撰稿中
伊藤仁齋	田原剛	撰稿中
山鹿素行	劉梅琴	已出版
山崎闇齋	岡田武彥	已出版
三宅尙齋	海老田輝巳	排印中
中江藤樹	木村光德	撰稿中
貝原益軒	岡田武彥	已出版
荻生徂徠	劉梅琴	撰稿中
安藤昌益	王守華	撰稿中
富永仲基	陶德民	撰稿中
石田梅岩	李甦平	撰稿中
楠本端山	岡田武彥	已出版
吉田松陰	山口宗之	已出版
福澤諭吉	卞崇道	撰稿中
岡倉天心	魏常海	撰稿中
中江兆民	華小輝	撰稿中
西田幾多郎	廖仁義	撰稿中
和辻哲郎	王中田	撰稿中
三木淸	卞崇道	撰稿中
柳田謙十郎	趙乃章	撰稿中
柏拉圖	傅佩榮	撰稿中
亞里斯多德	曾仰如	已出版
聖奧古斯丁	黃維潤	撰稿中
伊本·赫勒敦	馬小鶴	已出版

世界哲學家叢書㈢

書名	作者	出版狀況
袾宏	于君方	撰稿中
憨山德清	江燦騰	撰稿中
智旭	熊琬	撰稿中
章太炎	姜義華	已出版
熊十力	景海峰	已出版
梁漱溟	王宗昱	已出版
金岳霖	胡軍	已出版
張東蓀	胡偉希	撰稿中
馮友蘭	殷鼎	已出版
唐君毅	劉國強	撰稿中
賀麟	張學智	已出版
龍樹	萬金川	撰稿中
無著	林鎮國	撰稿中
世親	釋依昱	撰稿中
商羯羅	黃心川	撰稿中
維韋卡南達	馬小鶴	撰稿中
泰戈爾	宮静	已出版
奧羅賓多·高士	朱明忠	撰稿中
甘地	馬小鶴	已出版
拉達克里希南	宮静	撰稿中
元曉	李箕永	撰稿中
休靜	金煐泰	撰稿中
知訥	韓基斗	撰稿中
李栗谷	宋錫球	已出版
李退溪	尹絲淳	撰稿中

世界哲學家叢書(二)

書名	作者	出版狀況
李卓吾	劉季倫	撰稿中
方以智	劉君燦	已出版
朱舜水	李甦平	已出版
王船山	張立文	撰稿中
眞德秀	朱榮貴	撰稿中
劉蕺山	張永儁	撰稿中
黃宗羲	吳光	撰稿中
顧炎武	葛榮晉	撰稿中
顏元	楊慧傑	撰稿中
戴震	張立文	已出版
竺道生	陳沛然	已出版
眞諦	孫富支	撰稿中
慧遠	區結成	已出版
僧肇	李潤生	已出版
智顗	霍韜晦	撰稿中
吉藏	楊惠南	已出版
玄奘	馬少雄	撰稿中
法藏	方立天	已出版
惠能	楊惠南	已出版
澄觀	方立天	撰稿中
宗密	冉雲華	已出版
永明延壽	冉雲華	撰稿中
湛然	賴永海	已出版
知禮	釋慧嶽	排印中
大慧宗杲	林義正	撰稿中

世界哲學家叢書(一)

書名	作者	出版狀況
孟子	黃俊傑	已出版
荀子	趙士林	撰稿中
老子	劉笑敢	撰稿中
莊子	吳光明	已出版
墨子	王讚源	撰稿中
淮南子	李增	已出版
賈誼	沈秋雄	撰稿中
董仲舒	韋政通	已出版
揚雄	陳福濱	已出版
王充	林麗雪	已出版
王弼	林麗眞	已出版
阮籍	辛旗	撰稿中
嵇康	莊萬壽	撰稿中
劉勰	劉綱紀	已出版
周敦頤	陳郁夫	已出版
邵雍	趙玲玲	撰稿中
張載	黃秀璣	已出版
李覯	謝善元	已出版
王安石	王明蓀	撰稿中
程顥、程頤	李日章	已出版
朱熹	陳榮捷	已出版
陸象山	曾春海	已出版
陳白沙	姜允明	撰稿中
王廷相	葛榮晉	已出版
王陽明	秦家懿	已出版